"十四五"职业教育国家规划教材

民航地面服务与管理

主审　刘雁琪

主编　郑莉萍　赵　雅

教·学资源

航空工业出版社

北　京

内 容 提 要

本书主要介绍了民航地面服务与管理的相关知识,全书共分 6 个项目,具体内容包括民航地面服务基础、客票销售服务与管理、机场值机服务与管理、机场安全检查服务与管理、机场候机服务与管理、机场商业服务与管理。

本书内容全面,讲解通俗易懂,图文并茂,可作为职业院校民航服务及其他相关专业的教材。

图书在版编目(CIP)数据

民航地面服务与管理 / 郑莉萍,赵雅主编. -- 北京:
航空工业出版社,2019.6(2024.12 重印)
ISBN 978-7-5165-1930-1

Ⅰ.①民… Ⅱ.①郑… ②赵… Ⅲ.①民用航空-旅
客运输-商业服务 Ⅳ.①F560.9

中国版本图书馆 CIP 数据核字(2019)第 120644 号

民航地面服务与管理
Minhang Dimian Fuwu yu Guanli

航空工业出版社出版发行
(北京市朝阳区京顺路 5 号曙光大厦 C 座四层 100028)
发行部电话:010-85672666　　010-85672683

北京同文印刷有限责任公司印刷　　　　全国各地新华书店经售
2019 年 6 月第 1 版　　　　　　　　2024 年 12 月第 9 次印刷
开本:787×1092　1/16　　　　　　　字数:352 千字
印张:15.25　　　　　　　　　　　　定价:49.80 元

前　言

中国的航空客运市场多年来保持着高速增长，已经迅速成为全球航空运输业增长的核心。高质量的民航服务也从空中延伸到了地面，服务质量也越来越受到民航相关的管理部门及企业的重视。本书从航空地面服务中较狭义的概念出发，将服务范围界定在航空公司、机场等相关企业为旅客提供的各种服务，如售票服务、值机服务、行李服务、安检服务、候机服务、商业服务等方面。教材的框架也据此展开，以旅客乘机旅行之前的机场地面服务为主要内容。

本书在编写过程中主要突出以下特色。

1. 价值引领，立德树人

党的二十大报告指出："育人的根本在于立德。"本书有机融入党的二十大精神，以培养学生正确的世界观、人生观、价值观为己任，将爱国主义、民航精神、职业素养等内容有机融入教材中。

例如，在正文中穿插"辉煌中国"体例，向学生展示我国民航业的飞速发展，极大地增强了学生的爱国热情和民族自豪感；设置"人民至上""爱岗敬业""尽忠职守"等体例，讲述民航服务人员的真情服务事迹，让学生感受"忠诚担当、严谨科学、团结协作、敬业奉献"的民航精神，提升学生的职业认同感；在每个项目末尾设置"民航之窗"模块，引导学生自觉将爱国情、强国志、报国行融入不懈奋斗之中，努力成为社会主义优秀建设者和接班人。

2. 校企合作，协同育人

本书的编写是在一线双师型教师和企业专职人员的支持与参与下进行的，其体例设计充分考虑了教学大纲要求与企业需求，内容紧密围绕岗位需求"量身定做"，以民航地面服务与管理的工作内容和工作流程为主线，简明扼要地讲解了民航地面服务与管理的基础知识，并注重理论知识与岗位实际的紧密结合，有效提升了全书内容的职业属性，增强了实用性和针对性，能真正地让学生做到学以致用。

3. 全新形态，理念创新

本书切实践行"以学生为主体，以教师为主导，以能力为根本"的活页式教育理念，按照"必需、够用、兼顾发展"的原则组织内容。在设计教材体例时，安排了形式多样的课堂互动和实践任务，增强了教材的互动性、探究性及创新性，能促进学生积极思考、学以致用。

4．模式新颖，实用为主

本书采用"项目—任务"的编写模式，每个任务都包含以下内容：

➢ **知识目标、技能目标**：列出本任务的重要知识点和学生应掌握的操作技能，便于学生有目的地学习。

➢ **任务情景**：每个任务均以典型任务为依托，参考实际案例为学生创造和实际工作相贴合的学习情境，使学生快速融入工作任务，进入工作状态。

➢ **知识讲解**：重点讲解相关的理论知识。同时，在知识讲解中穿插了"课堂互动""知识角""新闻台"等栏目，并配以相关图片，增强趣味性，便于学生学习和理解。

➢ **任务实施**：根据所讲解的内容安排了实践任务，帮助学生巩固所学知识，培养学生的实际操作能力。

➢ **任务评价**：针对相关任务提出评价标准，对学生进行评分考核，便于学生量化学习效果并找出不足。

➢ **自我检测**：通过习题和思考再次巩固所学知识。

5．图文并茂，版式精美

本书在正文中插入了大量的图片，以使知识点的讲解更加生动、形象，从而帮助学生更快、更好地理解与掌握相关知识。同时，本书采用双色印刷，版式精美。

6．数字资源，平台辅助

本书配有丰富的数字资源，将教材、在线课堂与教学资源相融合，构建了线上线下结合的教学模式。学生可以借助智能手机或其他移动设备扫描二维码获取相关视频，也可以登录文旌综合教育平台"文旌课堂"（www.wenjingketang.com）查看和下载本书配套资源，如"项目学习效果综合测试"答案、优质课件、教案、课程标准等。

此外，本书还提供了在线题库，支持"教学作业，一键发布"，教师只需通过微信或"文旌课堂"App扫描扉页二维码，即可迅速选题、一键发布作业、智能批改作业，以及查看学生的作业分析报告，从而提高教学效率、提升教学体验。学生可在线完成作业，巩固所学知识，提高学习效率。

由于编者水平有限，书中难免存在疏漏与不当之处，敬请广大读者批评指正。

特别说明：

（1）本书在编写过程中，参考了大量的资料并引用了部分文章和图片等。这些引用的资料大部分已获授权，但由于部分资料来自网络，我们未能确认出处，也暂时无法联系到原作者。对此，我们深表歉意，并欢迎原作者随时与我们联系，我们将按规定支付酬劳。

（2）本书所选案例均来源于真实事件，但为了避免引起不必要的误会，部分人物使用了化名。

本书编委会

主　审　刘雁琪

主　编　郑莉萍　赵　雅

副主编　李春霞　王　悦　周　航　黄　攀

　　　　王　斌　杨　珂　穆颖杰

目 录

I

项目一

民航地面服务基础

▓▓▓▓ 项目导读 ▓▓▓▓▓▓▓▓▓▓▓▓▓▓▓▓▓▓▓▓▓▓▓▓▓▓▓▓▓▓▓▓▓▓

　　随着全球经济一体化的发展，民航业也有了突飞猛进的发展，乘坐飞机出行也越来越受到大众的追捧。民用机场及各种航空组织作为民航服务的基础条件，经历了从无到有，从小到大的发展过程。掌握机场的区域构成及功能，了解常见的航空组织及航空公司，理解信息化技术在地面服务与管理中的应用，是民航地面服务人员工作的基础。

▓▓▓▓ 学习目标 ▓▓▓▓▓▓▓▓▓▓▓▓▓▓▓▓▓▓▓▓▓▓▓▓▓▓▓▓▓▓▓▓▓▓

↗ 熟悉机场的分类
↗ 掌握机场的区域构成及功能
↗ 熟悉各类航空组织及航空公司
↗ 掌握旅客乘机流程
↗ 理解信息化技术在民航地面服务与管理中的应用
↗ 掌握提升民航地面服务质量的措施

▓▓▓▓ 素质目标 ▓▓▓▓▓▓▓▓▓▓▓▓▓▓▓▓▓▓▓▓▓▓▓▓▓▓▓▓▓▓▓▓▓▓

↗ 强化服务意识，树立"旅客至上"的服务理念
↗ 树立"人民至上、生命至上"的工作理念，始终把旅客的生命安全放在第一位

任务一　了解机场的基础知识

知识目标

★ 了解机场的概念
★ 熟悉机场的分类
★ 掌握机场的区域构成及功能
★ 掌握机场地面服务的基础知识

技能目标

★ 能利用所学知识开展机场问询相关服务

任务情景

　　小美毕业后被分配到机场工作，作为一名航站楼的引导服务人员，她需要熟悉机场的组成及各个区域的功能。她很庆幸自己在学校学习期间，已经掌握了机场区域划分及其功能的相关知识，可以很好地解答旅客相关的疑问。

知识讲解

一、机场的概念与分类

　　机场，也称为飞机场、空港或航空站。除了跑道之外，机场通常还设有塔台、停机坪、航站楼、维修厂等设施，可提供旅客及货物运输，以及飞机的起飞、降落、停放、维修等服务。

（一）按机场的用途划分

　　按机场的用途来划分，机场大体上可分为民用机场与军用机场两大类。其中，民用机场又可分为通用航空机场与民用运输机场。通用航空机场是专门为使用民用航空器从事公共航空运输以外的民用航空飞行任务（如救援、勘探、播种、医疗、人工降雨、运动训练）提供起降场所的机场。民用运输机场是可以供运输旅客或者货物的民用航空器起飞、降落、

滑行、停放及进行其他相关活动的机场。本教材所讲述的机场是指民用运输机场。

（二）按机场的航线和规模划分

按机场的规模及其可以承担的航线业务来划分，机场可分为枢纽机场、干线机场和支线机场。枢纽机场是连接国际、国内航线的大型机场；干线机场是国内航线为主、空运量较为集中的大中型机场；支线机场一般是指规模较小的地方机场，以地方航线或短途支线为主。

（三）按机场的业务量划分

按机场的年旅客吞吐量和货物吞吐量来划分，机场可分为特大型机场、大型机场、中型机场、中小型机场和小型机场。具体划分标准如表 1-1 所示。

表 1-1　业务量与机场等级划分

机场等级	年度旅客吞吐量（万人）	年货物吞吐量（kt）
特大型	≥1 000	≥500
大型	300～1 000	100～500
中型	50～300	12.5～100
中小型	10～50	2～12.5
小型	<10	<2

 **辉煌中国**

全世界最大的机场——北京大兴国际机场

北京大兴国际机场（以下简称"大兴机场"，见图 1-1）处于北京、雄安新区和天津三地的中心。大兴机场设有 4 条跑道及 1 条军民两用跑道（即空军南苑新机场），70 万平方米航站楼，92 个客机近机位。待客流达到 4 500 万人次时，大兴机场将建设第一卫星厅，使航站楼面积达到 82 万平方米，客机近机位 137 个，使其满足 7 200 万人次的旅客吞吐量。此外，大兴机场预留控制用地按照终端旅客吞吐量 1.3 亿人次（2050 年），飞机起降量 103 万架次，9 条跑道的规模预留。

在空间上，大兴机场采用"五指廊"设计，从航站楼的中心位置走任意一条廊道登机，距离都不会超过 600 m，步行不超过 8 min，最大化地解决了机场太大，旅客登机距离过远的问题。

图 1-1　北京大兴国际机场

北京大兴国际机场

　　另外，大兴机场在结构布置上具有极大的创新，其采用双层结构，地面为航站楼，地下为轨道交通站台，轨道交通与航站楼一体化。地下设计了高铁、地铁、城铁等共 6 条轨道交通线路，并与周边城市连接，能实现机场与高铁、城际铁路、地铁的零换乘，使得旅客在下机后，1 h 内可到达天津、唐山、保定等城市，2 h 内可到达石家庄、秦皇岛、济南等城市，3 h 内可到达太原、郑州、沈阳等地。

资料来源：百家号，
http://baijiahao.baidu.com/s?id=16022431193353301377&wfr= spider&for=pc

课堂互动

　　谈谈你见过的或者听说过的世界著名机场。

二、机场的区域构成及功能

　　机场的主要功能区可分为 3 个部分，即飞行区、航站楼和进出机场的地面运输区。

（一）飞行区

机场的飞行区是航空器的地面活动区域，主要包括跑道、滑行道和机坪等。

1. 跑道

跑道是机场内主要供航空器起飞和着陆的超长条形区域，其材质多为沥青混凝土。机场跑道的形式主要包括单条跑道（见图 1-2）、平行跑道（见图 1-3）、交叉跑道（见图 1-4）和开口 V 形跑道（见图 1-5）。

图 1-2　单条跑道

图 1-3　平行跑道

图 1-4　交叉跑道

图 1-5　开口 V 形跑道

大型机场的跑道一般是由多种形式构成的（见图 1-6）。跑道方位和条数的设置，是根据机场的净空条件、风力负荷、航空器的类别和架次、与城市及相邻机场之间的关系、工程地质和水文地质情况、机场周边的地形和地貌、噪声等相关因素综合分析确定的。机场主跑道的方向一般和当地的主风向一致，有些机场还会建有多条不平行跑道，以适应不同季节的不同风向。

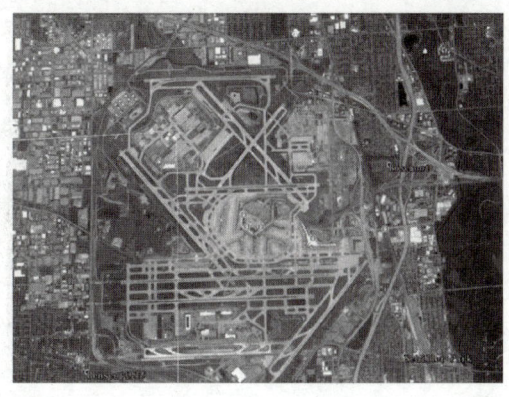

图 1-6　大型机场综合跑道

知识角

跑道的方向和编号

为了便于飞机驾驶员辨认跑道，机场的每一条跑道都有一个编号。跑道编号的依据是跑道的方向。所谓方向，是指驾驶员看过去的方向，也就是其驾机起飞或降落时前进的方向。为精确起见，跑道的方向采用 360°的方位予以表示。以正北为 0°，顺时针旋转到正东为 90°、正南为 180°、正西为 270°，再回到正北为 360°或 0°；每一度又可分为 60′，每一分又可分为 60″。每条跑道就以它的度数作为其编号。

为了简明易记，跑道编号只用方向度数的百位数和十位数，个位数按四舍五入进入十位数。例如，一条指向为西北 284°的跑道，它的编号就是 28，如果是 285°，编号就是 29。同一条跑道因为有两个朝向，所以就有两个编号。根据数学中角度的性质可知，跑道两端的航向相差 180°，即跑道号相差 18。例如，一条正北正南的跑道，从它的北端向南看，它的编号是 18；从南端向北看，它的编号就是 36。跑道号都是两位数，如果十位数空缺就用 0 来表示。

如果机场有同方向的几条平行跑道，就在跑道编号旁分别标注 L（左）、C（中）、R（右）等英文字母，以示区别。例如，北京首都机场有两条平行的南北向跑道，位于西侧的跑道编号是 18R/36L，位于东侧的跑道编号是 18L/36R。塔台上的管制员只要告诉驾驶员跑道号，驾驶员就能确认所使用的跑道和起降方向。

资料来源：搜狐网，https://www.sohu.com/a/126875954_465912

2. 滑行道

滑行道（见图 1-7）是机场内供飞机滑行的规定通道。其主要功能是为飞机提供从跑道到航站楼的通道，使已着陆的飞机迅速离开跑道，不与起飞滑跑的飞机相互干扰，并尽量避免延误随即到来的飞机着陆。此外，滑行道还提供了飞机由航站楼区域进入跑道的通道。

图 1-7　滑行道

滑行道将机场不同的功能区域（如飞行区、航站楼、飞机停放区、维修区及供应区）联结起来，使机场最大限度地发挥其容量潜力，提高运行效率。

滑行道包括主滑行道、进出滑行道、飞机机位滑行道、机坪滑行道、辅助滑行道、滑行道道肩及滑行带等。其中，主滑行道又称干线滑行道，是飞机往返于跑道与机坪的主要通道，通常与跑道平行。进出（进口或出口）滑行道又称联络滑行道（俗称联络道），是沿跑道的若干处设计的滑行道，旨在使着陆飞机尽快离开跑道。

对于交通繁忙的机场，通过设置等待坪、双滑行道（或绕行滑行道）及双进口滑行道等方式，可有效解决因前面的飞机不能进入跑道而妨碍后面飞机的进入，为确定起飞顺序提供了更大的灵活性，也提高了机场的容量和效率。

3. 机坪

机坪是指在机场中划定的一块供航空器上下旅客、装卸货物或邮件、加油、维修时停放之用的场地，如图1-8所示。机坪可分为客机坪、货机坪、等待坪和掉头坪等。

图1-8　机坪

客机坪是供航空器机动和停放的区域，通常其紧邻旅客进出的航站楼。除了便于旅客进出机舱以外，客机坪还用于航空器加油和维护，以及装卸货物或邮件等。

货机坪只用于航空器装卸货物和邮件。由于货机坪与客机坪对机坪和机场设施的需求不同，因此，有条件的机场会将货机坪和客机坪分开，在紧邻货仓的地方单设货机坪。

等待坪供飞机在等待起飞或因让路而临时停放时使用，通常设在跑道端点附近的平行滑行道旁边。

掉头坪供飞机掉头时使用，当飞行区不设平行滑行道时，应在跑道端点处设掉头坪。

课堂互动

你还见过或者听说过哪些辅助飞机起飞的机场设施？

（二）航站楼

扫一扫

兼顾建筑艺术和功能
结构的航站楼

航站楼是旅客在乘飞机出发前和抵达后办理各种手续和作短暂休息、等候的场所，是机场的主要建筑物。航站楼内设有候机厅、办理旅客及行李进出手续的设施、旅客生活服务设施及公共服务设施等。

当飞行区只有一条跑道时，为了便于旅客出入城区，航站楼会设置在靠近城市的跑道一侧。当飞行区只有一条跑道且风向较为集中时，航站楼会设置在适当靠近跑道主起飞点的一端。当飞行区有两条跑道时，航站楼会设置在两条跑道之间，这样不仅便于飞机来往于跑道和机坪，而且能够充分地利用机场用地。

大型机场的航站楼和机坪面积都比较大。为了便于航站楼的布局和机坪排水，航站楼会设置在地势较高且平坦的地方。与此同时，航站楼与跑道之间也留有足够的距离，给机坪和滑行道的拓展留有余地。

1. 航站楼的基本形式

航站楼一般分为一层式航站楼、一层半式航站楼及二层式航站楼3种形式。

一层式航站楼是将旅客离港和到港活动都安排在同一层内，适用于客运量较小的机场。一层半式的航站楼是将第一层提供给到港旅客使用，并在该层设置楼前车道，其上的半层供离港旅客使用，这种航站楼形式适用于客运量中等的机场。二层式航站楼通常将第一层提供给到港旅客使用，第二层提供给离港旅客使用，两层楼前均设置有楼前车道，这种航站楼形式适用于客运量大的机场。

2. 航站楼的区域划分

航站楼分为旅客服务区和管理服务区两部分。

其中，旅客服务区包括：① 值机柜台，即办理机票及行李手续的柜台；② 安检、海关、检疫的通道和入口；③ 登机前的候机厅；④ 行李提取处；⑤ 迎送旅客活动大厅；⑥ 旅客信息服务设施，包括问讯处、显示牌、广播通知系统等；⑦ 旅客饮食区域，包括供水处、饭店、厨房等；⑧ 公共服务区，如行李寄存处、失物招领处、卫生间、医疗设施等；⑨ 商业服务区，如各种商店、银行、免税店、旅游服务处、租车柜台等。

管理服务区包括：① 机场管理区，包括机场行政办公室、后勤办公和工作场所，以及紧急救援设施设备存放的场地等；② 航空公司运营区，如运营办公室、签派室和贵宾接待室等；③ 政府机构办公区，如民航、卫生、海关、环保、边检等管理部门的办公区域（见图1-9）。

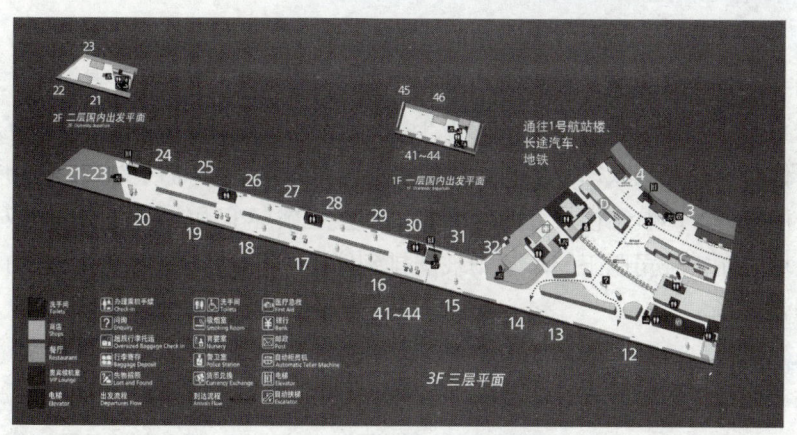

图 1-9 某机场航站楼平面布局图

（三）地面运输区

空中交通与地面交通在机场交汇。一座大型机场，每年旅客的进出人数可达千万以上，因此，机场的地面交通就显得很重要了。只有具备了便捷的地面交通系统，才能及时地将旅客运送到市区内或其他地方，把货物运送到目的地或与水路、公路、铁路等交通枢纽相衔接。

机场的地面运输区分为机场进出通道、机场停车场和机场内部道路。

1. 机场进出通道

机场进出通道是连接市区及机场的道路系统。由于乘坐飞机出行有严格的安检程序，这就要求乘客要提早到达机场。为了便于旅客进出机场，许多城市都修建有市区通往机场的高速公路（见图 1-10），连接着机场与市区的主要交通道路，旅客可乘坐机场巴士、出租车或私家车来往于机场。此外，一些城市还开设有到达机场的城市铁路或地铁，多种交通形式保证了机场交通的方便、快捷。

图 1-10 机场高速

2．机场停车场

机场停车场除了要考虑乘机旅客自驾车辆的停车需求外，还要考虑接送旅客的车辆、机场工作人员的车辆及出租车等车辆的停车需求。因此，机场停车场必须留有足够大的空间并规划好停车位及进出线路。同时，机场会按车辆使用的急需程度把停车场规划为不同的区域。一般来说，离航站楼最近的是出租车和接送旅客车辆的停车区，以减少旅客步行的距离；机场或航空公司职工的车辆则被安排到停车场较远的位置；有条件的机场还会设置职工专用停车场。

3．机场内部道路

机场内部道路主要是指航站楼前的机场道路（见图 1-11）。这里多是各种接送旅客的车辆行驶或停留，尤其是在机场航班高峰时间段，很容易形成混乱的场景。因此，对机场内部道路进行合理、有效的管理，是促使道路顺畅、保证机场有序运行的重中之重。

图 1-11　机场内部道路

三、机场地面服务的基础知识

机场地面服务一般指从飞机滑入机位直到飞机再次推出的过程中，机场各个保障部门对飞机和旅客所做的一系列地面服务保障工作。

机场地面服务是一个涉及多部门、多工种、多岗位的保障工作，是机场整个保障环节的重要组成部分，直接影响着航班的安全和正点，也决定着航班保障的品质。因此，只有各环节紧密配合、通力合作，方能形成完整的"安全链"和无缝隙的"服务链"，从而实现机场、航空公司、旅客利益的最大化。

一般来说，机场地面服务包括旅客地面服务、航班地面服务与飞机地面服务三个方面。

（一）旅客地面服务

1．旅客售票服务

旅客售票服务包括客票销售服务、客票变更服务与退票服务等。

2. 旅客值机与行李托运服务

旅客值机与行李托运服务包括旅客证件和运输凭证的识别与查验、乘机手续的办理、托运行李的接收等。做好旅客值机与行李托运服务对于提高民航地面服务质量和保证飞行正常及安全运行具有重要意义。

3. 旅客安检服务

旅客安检服务是指机场为防止危害航空安全事件的发生，保障旅客、机组人员和飞机安全而采取的一种强制性的技术检查。机场向旅客提供的服务首先应是安全的，而安检是确保这种服务安全的重要基础，其根本目的一是防止机场或飞机遭到袭击，二是防止飞机运输危险品引起事故，三是确保旅客人身和财产安全。

4. 旅客登机与中转服务

旅客办理好值机与行李托运手续及通过安检后，即可根据登机牌所显示的登机口在相应的候机厅候机，然后听广播提示登机。机场工作人员需要在规定离港时间前有序组织旅客完成登机。

旅客中转是指旅客在到达其最终目的地之前，需要在某一中途航站换乘另一航班的过程，包括国内转国内、国内转国际、国际转国内、国际转国际四种中转类型。不同的中转类型有不同的中转手续。旅客中转服务就是机场针对不同中转类型的旅客提供相应的引导、问询、安排食宿等服务。优质的旅客中转服务会为旅客带来更为舒适的出行体验。

5. 特殊旅客服务

特殊旅客服务是旅客地面服务的重要内容，它体现了机场对待旅客的态度。人性化的特殊旅客服务能够为旅客带来安全、温馨的服务体验，从而提升机场在旅客心目中的地位。

6. 其他旅客服务

其他旅客服务包括旅客交通服务、旅客问询服务、旅客广播服务、旅客商业零售服务等。旅客交通服务是指为旅客提供往返机场及在机场内部使用的各种交通方式的服务；旅客问询服务是指在候机楼提供的各种问询服务，包括航班信息、机场设施、旅客须知等；旅客广播服务是指为旅客播报航班信息类、例行类、临时类等各种信息的服务；旅客商业零售服务是指为旅客提供的购物、餐饮、娱乐等服务。

（二）航班地面服务

航班地面服务包括航班进港服务、航班离港服务和不正常航班服务。航班进港服务主要是指为进港航班提供的优质、及时和周到细致的接机引导服务。航班离港服务是指通过离港控制来保障航班顺利离港的服务。不正常航班服务是指由于各种因素的影响导致航班不正常时，机场为尽可能降低航班不正常给旅客造成的负面影响，所实施的制订解决方案、安排旅客食宿、现场服务等一系列服务。

（三）飞机地面服务

飞机地面服务就是对每一个进入机坪（进港）和从机坪起飞（离港）的飞机提供一系列的保障服务。通常情况下，机场会通过特种车辆、专用设备、专业操作等提供的一系列保障服务来保证航班安全和正点运行。飞机的每一项进出港业务都有专门的工作组负责完成，具体到某一架次的飞机，需要对应的工作组负责指派工作人员在一定时间内完成。

飞机进港时，机坪工作人员一般要为其提供引导、上轮挡、靠客梯车、靠廊桥、开客舱门、卸舱等服务。飞机离港时，机坪工作人员一般要为其提供加油、上水、充电、配餐、机组登机、旅客登机、关客舱门、装行李、关货舱门、撤离客梯车、撤桥、推出、机务检查等服务。

机场现状调查

实施步骤：

（1）学生在课后分组收集有关机场分类、当地机场区域构成及功能的资料。

（2）学生汇总所收集的资料，选择自己比较感兴趣的内容，整理成一份调查报告。

（3）按组派代表上台汇报，教师点评。

请根据表1-2对上述任务实施的结果进行评价。

表1-2　任务实施监测表

考核内容	分值	自评分	小组评分	教师评分	实得分
熟悉机场分类及作用	30				
掌握机场的区域构成及功能	30				
任务资料收集丰富，小组协作良好	20				
讲解条理清晰，观点表达明确，逻辑清楚	20				
总分	100				

机场有哪些分类方法？机场的区域构成是怎样的？机场地面服务包括哪些内容？

任务二　了解常见的航空组织及航空公司

- ★ 了解各类航空组织
- ★ 了解各大航空公司

- ★ 能利用所学知识为旅客提供有关航空公司的问询服务

进入机场工作的小美最近产生了一个疑问。她发现有些航空公司可以共享贵宾候机室、值机服务和维修服务等，而有些航空公司却不能这样。这是为什么呢？她将这个疑问讲给了机场工作的老员工。老员工告诉她说，航空公司之所以可以共享资源，是因为其加入了航空联盟。

一、航空组织

民航运输业是一个国际性的行业，涉及多方面的国际事务，如航权、客运及货运、机场、法律、管辖权等，其中的权利、义务、责任等法律关系十分复杂。各个国家有关民航的法律法规具有一定的差异性。为了谋求世界各国民航事业的共同发展，航空组织应运而生，主要包括国际民航组织（International Civil Aviation Organization，ICAO）、国际航空运输协会（International Air Transport Association，IATA）及其他各个地区的民航相关组织。

（一）国际民航组织

国际民航组织是联合国的一个专门机构，于 1944 年为促进全世界民用航空安全、有序地发展而成立。国际民航组织的总部设在加拿大的蒙特利尔，是 191 个缔约国在民航领域中开展合作的媒介，其标志如图 1-12 所示。国际民航组织为各个航空公司指定了三字代码，即 ICAO 代码。例如，中国国际航空股份有限公司的 ICAO 代码为 CCA。

图 1-12　国际民航组织标志

1．国际民航组织的宗旨

国际民航组织由大会、理事会和秘书处 3 级框架组成，它的宗旨和目的在于发展国际航行的原则和技术，促进国际航空运输的规划和发展。国际民航组织的宗旨如下。

（1）确保全世界国际民用航空安全地和有秩序地发展。

（2）鼓励为和平用途的航空器改进设计和操作技术。

（3）鼓励发展国际民用航空应用的航路、机场和航行设施。

（4）满足世界人民对安全、正常、有效和经济的航空运输的需要。

（5）防止因不合理的竞争而造成经济上的浪费。

（6）保证缔约各国的权利充分受到尊重，每一缔约国均有经营国际空运企业的公平的机会。

（7）避免缔约各国之间的差别待遇。

（8）促进国际航行的飞行安全。

（9）普遍促进国际民用航空在各方面的发展。

2．国际民航组织的主要活动

《芝加哥公约》的 18 个附件有 17 个都是涉及航行技术的。国际民航组织依照《芝加哥公约》的授权，发展国际航行的原则和技术。其主要的工作是制订并刷新关于航行的国际技术标准和建议措施。国际民航组织的战略工作计划要求这一工作跟上国际民用航空的发展速度，保持这些标准和建议措施的适用性。

此外，国际民航组织的主要活动还包括修订现行国际民航法规条款并制订新的法律文书、安全监察、统计各项航空资料，以及向各国和各地区的民航训练学院提供援助，使其能向各国人员提供民航各专业领域的在职培训和国外训练。

（二）国际航空运输协会

国际航空运输协会是一个由世界各国航空公司所组成的大型国际组织，其前身是1919年在海牙成立并在二战时解体的国际航空业务协会，总部设在加拿大的蒙特利尔，执行机构设在瑞士的日内瓦。和监管航空安全和航行规则的国际民航组织相比，它更像是一个由航空公司组成的国际协调组织，管理在民航运输中出现的诸如票价、危险品运输等问题。国际航空运输协会的标志如图1-13所示。国际航空运输协会为全球各航空公司指定了两字代码，即IATA代码。例如，中国国际航空股份有限公司的IATA代码为CA。

图1-13　国际航空运输协会标志

1. 国际航空运输协会的宗旨

协会的宗旨是"为了世界人民的利益，促进安全、正常和经济的航空运输，扶植航空交通，并研究与此有关的问题""对于直接或间接从事国际航空运输工作的各空运企业提供合作的途径"以及"与国际民航组织及其他国际组织协力合作"。

2. 国际航空运输协会的主要活动

国际航空运输协会的活动主要包括以下内容。

（1）代表会员进行会外活动，向具有权威的国际组织和国家当局申述意见，以维护会员的利益。

（2）监督世界性的销售代表系统，建立经营标准和程序，协调国际航空运价。

（3）承办出版物、财务、金融、市场调研、会议、培训等业务。

通过上述活动，国际航空运输协会旨在统一国际航空运输的规则和承运条件，办理业务代理及空运企业间的财务结算，协调运价和班期时刻，以及促进技术合作等。

（三）航空联盟

航空联盟是两家及以上的航空公司之间所达成的合作协议。参与航空联盟的航空公司之间共用维修设施、运作设备和职员，相互支援地勤与空厨作业，以降低成本，从而使旅客得到更多实惠。例如，旅客可以更低廉的价格购买机票，航班开出时间更灵活和有弹性，减少相应的转机次数，旅客可更加方便地抵达目的地等。另外，旅客在飞行奖励计划（如亚洲万里通）中使用同一账户乘搭不同航空公司的航班，均可赚取飞行里数。

航空联盟提供了遍及全球的航空网络，加强了国际联系，也使得跨国旅客在转机时更加方便。全球最大的 3 个航空联盟是天合联盟、星空联盟及寰宇一家。

1. 天合联盟

2000 年 6 月 22 日，法国航空公司、达美航空公司、墨西哥国际航空公司和大韩航空公司联合成立天合联盟（Sky Team，曾译为"空中联队"），其标志如图 1-14 所示。

图 1-14　天合联盟标志

2004 年 9 月，天合联盟与飞翼联盟（也译为"航翼联盟"）合并后，荷兰皇家航空公司和美国西北航空公司也成为其会员。天合联盟网络每天大约有 15 445 架次航班飞往 170 个国家的 1 036 个目的地，其联盟成员有 18 家航空公司，包含我国的中国东方航空公司、中华航空公司和厦门航空公司。

2. 星空联盟

星空联盟（Star Alliance）成立于 1997 年，是世界上第一家全球性航空公司联盟，总部设在德国的法兰克福。星空联盟的英语名称和标志（见图 1-15）代表了最初成立时的 5 个成员：北欧航空（Scandinavian Airlines）、泰国国际航空（Thai Airways International）、加拿大航空（Air Canada）、汉莎航空（Lufthansa）及联合航空（United Airlines）。这个前所未有的航空联盟，将航线网络、贵宾候机室、值机服务、票务及其他服务融为一体。无论旅客位于世界何处，都可以获得较高的旅游体验，因此，星空联盟也自称是"地球连结的方式"（The way the Earth connects）。

图 1-15　星空联盟标志

星空联盟自成立以来发展迅速，已经拥有 26 家正式成员，航线涵盖了 194 个国家以及 1 329 家机场。中国国际航空股份有限公司和深圳航空股份有限公司为星空联盟成员。

3. 寰宇一家

1999 年 2 月 1 日，美国航空公司、英国航空公司、国泰航空公司、澳洲航空公司、原加拿大航空公司 5 家分属不同国家的大型国际航空公司发起结盟，建立寰宇一家。结盟的措施包括：为成员航空公司的旅客提供票位安排服务；成员航空公司的"经常性旅客"里程优惠可在成员之间互换通用；自由选择机场候机室等。寰宇一家也是全球首个在成员航空公司之间实现电子机票互通安排的航空联盟。图 1-16 为寰宇一家标志。

图 1-16　寰宇一家标志

在三大航空联盟中，寰宇一家提供了覆盖最全面、选择最广泛的环球机票。寰宇一家目前在中国大陆无成员，大中华区则有国泰港龙航空。此外，日本航空、马来西亚航空公司、澳洲航空、芬兰航空以及卡塔尔航空公司均为寰宇一家成员。

玩转常旅客之三大航空联盟

（四）中国民用机场协会

中国民用机场协会是经中国民航局、民政部批准的中国（不含香港、澳门、台湾地区）民用机场行业唯一的合法代表。协会总部设在北京，目前有会员 554 家，其中机场集团 30 家、运输机场 221 家、通用机场 128 家、企事业单位 175 家，会员机场旅客吞吐量、货运量和航班起降架次达到全国总量的 99%。图 1-17 为中国民用机场协会标志。

图 1-17　中国民用机场协会标志

协会按照"共同参与、共同分享、共同成就"的指导思想，以维护会员合法权益为宗旨，采用多种形式服务会员，如举办各类国内外交流会议、收集和评估机场发展信息、组织课题调研和提出政策建言、受政府委托起草行业标准、推动新技术运用等。

二、航空公司

航空公司是以各种航空飞行器为运输工具，为旅客和货物提供民用航空服务的企业，它们一般需要官方批准，以及获得认可的运行证书等。航空公司的规模可大可小，可以只有一架运输邮件或货物的飞机，也可以拥有数百架飞机，提供各类全球性服务。

航空公司可以按多种方式分类。若按公司规模分，航空公司可分为大型航空公司和小型航空公司；若按飞行范围分，航空公司可分为国际航空公司和国内航空公司；若按运输的种类分，航空公司可分为客运航空公司和货运航空公司；等等。

（一）中国大陆主要的航空公司

1. 中国国际航空股份有限公司

英文名称：Air China

IATA 代码：CA

ICAO 代码：CCA

总部：北京

标志含义：中国国际航空的企业标志（见图1-18）由一只艺术化的凤凰和邓小平先生书写的"中国国际航空公司"以及英文"AIR CHINA"构成。凤凰是中华民族古代传说中的神鸟，也是中华民族自古以来的吉祥鸟。国航标志中的凤凰同时又是英文"VIP"（尊贵客人）的艺术变形，其颜色为中国传统的红色，具有吉祥、圆满、祥和、幸福的寓意，寄寓着国航人服务社会的真挚情怀和对安全事业的永恒追求。

图 1-18　中国国际航空企业标志

2. 中国南方航空股份有限公司

英文名称：China Southern Airlines

IATA 代码：CZ

ICAO 代码：CSN

总部：广州

标志含义：中国南方航空的标志（见图1-19）是蓝色垂直尾翼镶红色木棉花。在南方人的心目中，木棉花象征着高尚的品格，广受人们赞美和热爱，被广州市民推举为市花。南方航空选择木棉花作为标志的主要内容，一方面是因为公司创立时总部设在中国南方地域广州，木棉花标志既可以显示公司的地域特征，也可顺应南方人民对木棉花的喜爱和赞美；另一方面，木棉花所象征的坦诚、热情的风格，代表了公司的形象，表示公司将始终以坦诚、热情的态度为广大旅客、货主提供尽善尽美的航空运输服务。

图 1-19 中国南方航空企业标志

3. 中国东方航空股份有限公司

英文名称：China Eastern

IATA 代码：MU

ICAO 代码：CES

总部：上海

标志含义：中国东方航空的企业标志（见图 1-20）是将东航英文名称的首字母 C，E 与核心视觉元素"燕子"巧妙地融为一体，呈现出一只轻盈灵动的"领头燕"振翅高飞的情景，彰显出东航人开拓创新、奋发有为、激情超越的进取精神；飞燕的翅膀形如飞架天穹的桥梁，尾翼形如连接天际的彩虹，更形似闻名世界的黄浦江湾，象征着飞行不仅能实现迅速位移，还推动着五湖四海人们的人文情感交融。与此同时，在中国的传统文化中，燕子也寓意着吉祥与和顺。

图 1-20 中国东方航空企业标志

4. 海南航空控股股份有限公司

英文名称：Hainan Airlines

IATA 代码：HU

ICAO 代码：CHH

总部：海口

标志含义：海南航空的企业标志（见图1-21）分别由"大鹏金翅鸟"的金翅膀、头顶的日月宝珠（如意珠）、鸟嘴造型和如意祥云等元素组成。日月宝珠寓意东方文化中至高至深的自然，昭示着海南航空将依自然法则生长，扩展至无限空间。图形底部是浪花的写意表达，寓意海南航空将一石激起千层浪，惊涛拍岸，卷起千堆雪。在东方的传说中，水浪纹又是云纹，云蒸霞蔚，水浪花凝结成两朵如意，代表了"海南航空"愿天下人顺心如意的愿望。

图1-21　海南航空企业标志

争分夺秒，彰显责任担当——海南航空成功协助旅客跨航护送人体器官

2021年10月28日18时38分，海南航空深圳地服团队接客服邮件通知，两名旅客沈大超、俞小榛（化名）从杭州乘坐深圳航空ZH9884航班落地深圳后，将接收一副人体器官（肝脏）再乘坐海南航空HU7397航班返回杭州，留给旅客中转的时间仅为一个小时，且旅客还有托运行李。按照正常流程，时间根本来不及，旅客将会错过返航航班，而当日已没有其他航班可改签，人体器官将错过最佳运送时间，直接导致后续移植手术不能顺利进行。

时间就是生命，因为涉及跨航承运，以及两家地服在机坪的保障，既需要完成旅客在场内的快速转运，同时需要从场外接收肝脏过安检送上飞机，保障难度极大。

18时49分，海南航空深圳分公司马上启动特殊保障预案，向深圳机场当日值班领导汇报情况，得到了全力保障的指令。深圳机场值班领导马上协调部署，并亲自带领安检人员到达机坪参与保障。为了分秒必争，指挥中心将两架飞机安排到了相邻最近的机位。

22时01分，航班落地深圳，机场和海南航空地服人员已带着办好的相关手续等候在飞机舱门口。同时，在120急救车将器官送到机场后，海南航空地服人员协助旅客快速办理好了器官交接手续，通过机场开辟的绿色通道，无缝衔接。最终，在各相关保障单位的共同努力下，旅客在20分钟内完成了快速中转，成功将人体器官带上飞机，保证了器官移植的最佳时效。旅客登上飞机的那一刻，按捺不住激动的心情，连连向参与保障的工作人员表达了衷心的感谢。

资料来源：中国民用航空网，http://www.ccaonline.cn/baozhang/678719.html

5. 深圳航空有限责任公司

英文名称：Shenzhen Airlines

IATA 代码：ZH

ICAO 代码：CSZ

总部：深圳

标志含义：深圳航空的标志（见图 1-22）以中国传统的红、黄为主色调，以象形文字——战国时期大篆体"朋"为设计原形，寓意深航立志成为"民族之鹏"。

图 1-22　深圳航空企业标志

6. 厦门航空有限公司

英文名称：Xiamen Airlines

IATA 代码：MF

ICAO 代码：CXA

总部：厦门

标志含义：厦门航空的企业标志（见图 1-23）是矫健的白鹭在蓝天振翅高飞的形象，展示了厦航"团结拼搏、开拓奋飞"的企业精神，也象征着吉祥、幸福永伴旅客。不仅如此，它还寓意厦航是从鹭岛腾空而起的白鹭，厦航将永远扎根于厦门，服务于厦门乃至福建的建设和发展。

图 1-23　厦门航空企业标志

7. 山东航空股份有限公司

英文名称：Shandong Airlines

IATA 代码：SC

ICAO 代码：CDG

总部：济南

标志含义：山东航空的企业标志（见图 1-24）是由 3 个 S 形曲线组成，代表擅长飞翔且纪律严明的大雁，也是团结一致的象征。3 个"S"看上去像"山"字，分别代表了"山东""成功""安全"。

图 1-24　山东航空企业标志

8．四川航空股份有限公司

英文名称：Sichuan Airlines

IATA 代码：3U

ICAO 代码：CSC

总部：成都

标志含义：四川航空的企业标志（见图 1-25）是一只海燕，它奋力翱翔、志存高远的气质，与川航人"咬定青山"的企业精神紧密契合。圆圈代表地球，四条波浪纹寓意百川赴海，奔流涌进，上善若水，厚德载物，同时对应川航"真、善、美、爱"的核心价值观，象征着川航从内陆起飞，萃取陆地文明的稳定持重与海洋文明的外向开拓，以"东成西就，南北纵横，上山出海，网络搭台"的战略布局，架起一座座贯通南北、联通中外的空中金桥。

图 1-25　四川航空企业标志

（二）国际及港澳台地区主要的航空公司

国际及港澳台地区主要的航空公司如表 1-3 所示。

表 1-3　国际及港澳台地区主要的航空公司

IATA 代码	英文名称	中文名称	国家/地区	运单代码
AA	American Airlines	美国航空公司	美国	001
AC	Air Canada	加拿大航空公司	加拿大	014
AF	Air France	法国航空公司	法国	057
AY	Finn Air	芬兰航空公司	芬兰	105
BA	British Airways	英国航空公司	英国	125
BI	Royal Brunei Airlines	文莱皇家航空公司	汶莱	672
BR	Eva Air	台湾长荣航空股份有限公司	中国台湾	695

表1-3（续）

IATA 代码	英文名称	中文名称	国家/地区	运单代码
CI	China Airlines	台湾中华航空股份有限公司	中国台湾	297
CP	Canadian Pacific Airlines	加拿大太平洋航空公司	加拿大	018
CV	Cargolux Airlines International	卢森堡国际航空公司	卢森堡	172
CX	Cathay Pacific Airways	国泰航空有限公司	中国香港	160
D7	Air Asia	亚洲航空公司	马来西亚	843
DL	Delta Airlines	达美航空公司	美国	006
DT	Angola Airlines	安哥拉航空公司	安哥拉	118
E6	Bringer Air Cargo Taxi Aereo	伯灵格货运航空公司	巴西	417
EK	Emirates Airlines	阿联酋航空公司	阿联酋	176
ET	Ethiopian Airlines	埃塞俄比亚航空公司	埃塞俄比亚	071
EY	Etihat Crystal Cargo	艾提哈德水晶货运航空公司	阿联酋	607
FX	FedEx Express	美国联邦快递航空公司	美国	023
GF	Gulf Air	海湾航空公司	巴林	072
JL	Japan Airlines	日本航空公司	日本	131
JQ	Jetstar Airways	捷星航空公司	澳大利亚	081
KA	Dragon Air	港龙航空公司	中国香港	043
KE	Korean Air	大韩航空公司	韩国	180
KL	KLM Royal Dutch Airlines	荷兰皇家航空公司	荷兰	074
KZ	Nippon Cargo Airlines	日本货运航空公司	日本	933
LD	Air Hong Kong	香港华民航空公司	中国香港	LD1
LH	Deutsche Lufthansa	德国汉莎航空公司	德国	020
LV	MEGA Maldives	马尔代夫航空公司	马尔代夫	400
LX	Swiss International Airlines	瑞士国际航空公司	瑞士	724
LY	EL AL Israel Airlines	以色列航空公司	以色列	114
MH	Malaysia Airlines	马来西亚航空公司	马来西亚	232
MK	Air Mauritius	毛里求斯航空公司	毛里求斯	239
MP	Martinair	荷兰马丁航空公司	荷兰	129
MS	Egypt Air	埃及航空公司	埃及	077
NH	All Nippon Airways	全日空航空公司	日本	205
NX	Air Macau	澳门航空股份有限公司	中国澳门	675
NZ	Air New Zealand	新西兰航空公司	新西兰	086
OS	Austrian Airlines	奥地利航空公司	奥地利	257
OZ	Asiana Airlines	韩亚航空公司	韩国	988

表 1-3（续）

IATA 代码	英文名称	中文名称	国家/地区	运单代码
PK	Pakistan International Airlines	巴基斯坦国际航空公司	巴基斯坦	214
PR	Philippine Airlines	菲律宾航空公司	菲律宾	079
QF	Qantas Airways	澳洲航空公司	澳大利亚	081
QR	Qatar Airways	卡塔尔航空公司	卡塔尔	157
SA	South African Airways	南非航空公司	南非	083
SK	Scandinavian Airlines	北欧航空公司	瑞典/挪威/丹麦	117
SQ	Singapore Airlines	新加坡航空公司	新加坡	618
SU	Aeroflot Russian Airlines	俄罗斯航空公司	俄罗斯	507
S7	Siberia Airlines	西伯利亚航空公司	俄罗斯	421
TG	Thai Airways International	泰国国际航空公司	泰国	217
TK	Turkish Airlines	土耳其航空公司	土耳其	235
TL	Trans Mediterranean Airways	黎巴嫩跨地中海航空	黎巴嫩	270
UA	United Airlines	美国联合航空公司	美国	016
UL	SriLankan Airlines	斯里兰卡航空公司	斯里兰卡	603
UN	Transaero Airlines	俄罗斯洲际航空公司	俄罗斯	670
HX	Hong Kong Airlines	香港航空有限公司	中国香港	851
VS	Virgin Atlantic Airways	维珍大西洋航空公司	英国	932
VV	Aerosvit Ukrainian Airlines	乌克兰空中世界航空	乌克兰	870
XF	Vladivostok Air	符拉迪沃斯托克航空公司	俄罗斯	277
5J	Cebu Pacific Air	宿雾航空公司	菲律宾	203
8G	Angel Air	安琪航空公司	泰国	958

任务实施

航空组织及航空公司调查分析

实施步骤：

（1）学生在课后分组收集航空组织、航空联盟和航空公司的资料。

（2）学生汇总所收集的资料，选择自己比较感兴趣的内容，整理成调查报告。

（3）按组派代表上台汇报，教师点评。

请根据表1-4对上述任务实施的结果进行评价。

表1-4   任务实施监测表

考核内容	分值	自评分	小组评分	教师评分	实得分
熟悉各类航空组织	30				
熟悉航空公司	30				
任务资料收集丰富，小组协作良好	20				
讲解条理清晰，观点表达明确，逻辑清楚	20				
总分	100				

世界上主要的航空组织有哪些？主要的航空联盟有哪些？我国主要的航空公司有哪些？

任务三   熟悉旅客乘机流程

知 识 目 标

★ 熟悉旅客乘机流程

技 能 目 标

★ 能利用所学知识为旅客提供有关乘机流程的帮助

张先生第一次到机场乘坐飞机旅行。由于家人已经为其购买了机票，到达机场后，他就直接向候机厅的方向走去，结果被安检人员拦了下来，要其办理值机手续。张先生一头雾水，明明自己已经购买了机票，为什么不能直接去乘坐飞机呢？小美见到张先生愁容满面，就走上前去，询问怎样可以帮助到他。

知识讲解

旅客乘飞机旅行，是从购票开始到乘坐飞机、落地离开机场的一系列活动（见图1-26）。这一系列活动中包含了民航地面及空中的各项服务。

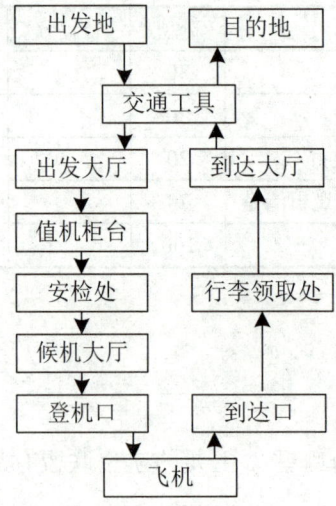

图 1-26　旅客乘机流程图

一、购买机票

购买机票是旅客乘机旅行的第一步。旅客可在航空公司、机场及代理机构等售票处购买机票。随着电子商务及网上支付的发展，旅客也可通过电脑、手机等设备在网上查询与预订机票。

民航客票销售人员应根据旅客的需求，为其提供符合要求的机票服务，包括提供航班及座位信息查询、机票预订、出票和机票变更等。

当遇到对机票价格较为敏感的旅客，民航客票销售人员可为其推荐一些出发时间较早、较晚或经停等折扣力度较大的航班；当遇到对时间比较敏感的旅客，则应尽量避免选择最晚的航班，以便在预定航班出现延误或临时取消时不至于无后续航班可签转。

在售票的过程中，民航客票销售人员要做好旅客信息的登记和确认工作，包括航班信息、旅客姓名、证件号码和联系方式等。

二、到达机场

由于航空运输的特殊性，旅客在乘坐飞机前需要办理登机手续。通常情况下，航空公司规定航班起飞前两个小时开始办理登机手续，航班起飞前 30 min 停止办理登机手续，因此，旅客应在规定的时间段内到达机场办理登机手续。

三、办理值机手续

办理值机手续包括换登机牌和托运行李。需要托运行李的旅客，则应到相应航空公司的值机柜台（见图 1-27）办理值机及托运行李手续。如无行李需要托运，旅客也可通过机场的自助值机设备（见图 1-28）和网上值机等方式选择座位并打印登机牌。

图 1-27　机场值机柜台　　　　　　　　　图 1-28　机场自助值机设备

机场大厅的显示牌会显示相应航班值机柜台的位置，旅客可根据航班号到对应的值机柜台办理值机手续。值机人员应认真核对旅客的身份信息并为旅客办理登机手续。如旅客有大件行李，或者法律规定不能随身携带登机的物品，可以在值机柜台办理行李托运。

四、安检

旅客安检是指乘坐民航飞机的旅客在登机前必须接受的人身和行李检查项目，这也是为了保证旅客自身安全和飞机飞行的安全所采取的一项必要措施。图 1-29 所示为机场的安检区域。

安检人员的职责包括对乘坐航空器的旅客及其行李、进入候机隔离区的其他人员及物品以及空运货物、邮件等进行安全检查；对候机隔离区内的人员、物品进行安全监控；对执行飞行任务的民用航空器实施监护等。

五、候机

通过安检后，旅客可按照登机牌上注明的航班登机口，找到与其对应的候机厅（见图 1-30），然后在此候机。候机厅内一般有商店、卫生间、饮水机等基础设施设备。候机广播会告知旅客登机时间及航班的相关信息。

图 1-29　机场安检区域

图 1-30　旅客候机厅

六、登机

旅客在听到登机广播后，在登机口（见图 1-31）排队登机。服务人员应认真核对旅客的登机牌信息，确定旅客所乘坐的是本次航班后，允许其通过廊桥或摆渡车登上飞机。

图 1-31　登机口

七、乘坐飞机

登机牌上标明了旅客的座位号。登机后，旅客可根据登机牌上的信息找到自己的座位。座位号由一个数字和一个字母组成，数字代表第几排，字母代表位置，如 6A、22F 等。飞机上的座位号标示在行李舱壁上。

旅客在找到座位坐下后，需扣上安全带，并在起飞前关掉手机。在飞行的过程中，航空公司有免费饮料或点心派发，如在进餐时间，会有免费餐食供应。

八、到达目的地

飞机到达目的地后，旅客通过廊桥或者摆渡车回到航站楼，再通过到达通道进入到达大厅。

九、领取行李

机场会在出口的通道设置领取托运行李的地方，到达大厅会有屏幕显示到达的航班行李领取处的地点，旅客可根据显示屏上的提示从行李传送带（见图1-32）上领取自己的行李。若有行李丢失或者错拿，旅客可前往行李查询处进行查询和登记。

图1-32　行李传送带

十、离开机场

旅客可乘坐相应的交通工具离开机场，到达目的地。

情景模拟——旅客乘机流程

实施步骤：

1. 将学生分为两组：一组扮演旅客张先生，另一组扮演工作人员小美。
2. 根据"任务情景"中提供的相关信息，完成旅客导乘工作。

（1）小美主动向张先生问好，并询问其遇到了什么困难，是否需要帮助。

（2）小美为张先生讲解机场的乘机流程。

（3）小美引导张先生到值机柜台办理值机手续。

任务评价

请根据表 1-5 对上述任务实施的结果进行评价。

表 1-5　任务实施监测表

考核内容	分值	自评分	小组评分	教师评分	实得分
主动与旅客打招呼并询问情况	20				
正确讲解旅客乘机流程	40				
告知旅客值机工作的内容，引导乘客办理值机手续	30				
流程清晰，表达明确	10				
总分	100				

自我检测

旅客要完成哪些操作，才能顺利地登机开始飞行？

任务四　掌握提升民航地面服务质量的措施

知　识　目　标

★ 掌握提升民航地面服务质量的具体措施

技　能　目　标

★ 能够利用所学知识为提升民航地面服务质量出谋划策

任务情景

服务的定义很广，在小美看来，能够让旅客在出行期间感到安心、顺心、舒心、开心

的服务，都是好的服务。但在机场工作一段时间后小美发现，面对形形色色的旅客，厚道服务才是最好的服务。"服务在旅客开口前"是她对厚道服务的理解，通过观察旅客的行为去了解旅客所需，服务在旅客身边。

知识讲解

　　旅客在乘坐飞机时最基本的需求是安全和准时，然而机场仅仅满足最基本的需求是无法让旅客满意的。机场除了要保证航班的正常飞行外，还要提升服务质量，这其中就包括地面服务质量。

　　服务质量是旅客的期望和被服务的感受比较之后的结果，可能是一次交易的感受，也可能是长期积累的结果和总体印象。民航地面服务质量可以从五个方面来衡量，分别是售前服务（如问询服务、售票服务、值机服务、安检服务）、乘机服务（如旅客登机服务、旅客到站服务、旅客中转服务、旅客经停服务）、售后服务（如特殊旅客服务、航班正常服务、航班不正常服务、航班备降服务）、硬件设施保障（如广播服务、医疗服务、其他服务）、服务人员态度。因此，民航地面服务质量可以通过以下几项措施来提升。

一、加强机场信息化建设

　　高度的信息化管理可以为机场的安全、高效运营提供技术保障，使机场保持稳定、安全运营，还可以为机场的设计、运营、建设投资决策提供可靠的技术支持和依据。

　　为了改善旅客的主观体验感受，机场应将移动互联网、物联网、云计算、大数据、智能信息处理等技术与机场硬件设施相结合，进一步为旅客带去舒心、便捷的出行感受，以实现机场以人为本的服务理念。一般情况下，机场信息化建设可从以下几个方面着手。

　　（1）信息处理的智能化方面，如航班、气象、旅客、行李、货物、身份、车辆、登机牌等信息的自动化接收和智能化处理。

　　（2）资源分配的智能化方面，如机位、登机口、值机柜台等资源的自动化智能分配。

　　（3）旅客服务的智能化方面，如身份识别、区域定位、预警、个性化服务等。

　　（4）安防的智能化方面，如安防联动、智能防尾随分析、聚众闹事报警、遗留物分析、气体自动检测、警戒区入侵自动跟踪分析、物品移动被盗分析等。

　　（5）监管的智能化方面，对管控对象的智能化感知、处理、监控、调度、预警等。

　　（6）流程控制的智能化方面，如航班保障、货运、旅客服务、行政管控等流程的智能化。

　　（7）信息服务的智能化方面，如针对感知到的相应服务对象（如航空公司、旅客等），在相应的时间、按相应的地点、以相应的方式、自动呈现相应的信息。

二、实施地面服务全流程监控管理

地面服务全流程监控管理是一种有利于提高机场运行效率和服务质量的管控方法，能够以全方位的视角、最优的解决方案、最快的处置速度监控和解决服务保障出现的问题，从而优化服务保障工作流程，提高民航地面服务运行质量。

全方位、无死角地监控和管理民航地面服务保障流程的各个环节，需要从系统建设、调度模式、制度完善等多个方面的改变和提升来实现。

（一）建设全面完善的流程监控管理系统

地面服务全流程监控管理必须建立一套"看得见、看得远、看得全"的监控管理系统。该系统集成机场、航空公司、空管、中航信等多渠道牵涉的数据，并按照《机场航班运行保障标准》要求设置飞机到位、人员到位、开客舱门、客舱清洁、开始登机、廊桥撤离等多个影响航班保障的节点。同时，该系统还会针对每一个节点设置提前提醒、催促功能，方便综合调度中心及时发现机场保障服务中未到位的情况和各服务环节的问题，变被动为主动，实现精简流程、规范运行的高效服务管理模式，提升服务品质和保障能力。

（二）成立精准协调的综合调度中心

综合调度中心是整个地面服务保障的信息集成中心、指挥协调中心、监控管理中心，是整个地面服务保障环节的组织者和协调者。

综合调度中心能够打破原来的分级调度、分散布置的模式，将地面服务保障中的各级调度中心化零为整，实现地面服务保障环节之间快捷、准确的信息传递，全面监控从航班到达机位至航班推出的各项地面运行和旅客服务工作，形成涵盖地面服务保障全流程、完整的地面保障体系。

总体而言，综合调度中心可以减少组织管理层级、明确权责，有利于保障信息的快速传递、快速收集、快速分析、快速决策，进一步实现统一指挥、资源共享、联合行动的现代化航班地面服务管控模式。

（三）打造一支现场监控及协调处置团队

地面服务的保障过程中可能会出现各种各样的问题，而问题的解决可能涉及单个或多个部门的协调处理。综合调度中心要想解决相关工作人员自圆其说或推诿扯皮的现象，在监控中做到"管得上、管得到、管得好"，就必须打造一支基本素质好、责任心强、懂运行、熟流程的团队作为监控员。

当无特殊情况时，监控员根据航班的到达时间、起飞时间等时间节点对航班进行监督和检查，对岗位流程上有待改进的地方提出建议，对员工的违章操作和违规行为进行制止并处罚。当出现特殊情况时，综合调度中心应机动调配监控员前往现场进行处置，待监控员第一时间了解事情缘由后，协调各部门解决，并反馈相关处置结果。

监控员的监督检查可以时时提醒各岗位员工，让员工的规范服务处于严格监督之下，使员工服务的及时性和规范化得到进一步的提高。

（四）建立完善的分析评估、改进制度

综合调度中心及监控员在工作中发现影响航班安全、服务和正点的原因有很多，有硬件原因也有软件原因，有管理原因也有人为原因，有必然因素也有偶然因素。

综合调度中心通过对这些问题进行记录、分类、汇总、分析，进一步提出改进措施，最终形成更为规范的服务流程，从而提升地面服务质量。

三、提高机场综合服务水平

（一）加强员工培训

为了使员工能够不断进取的主动提升专业技能水平，丰富的培训是必不可少的。员工培训的核心指导思想是以差异化服务战略为主导、用以致学。培训内容既要涉及楼内服务、外场作业流程等基础方面，又要涉及设施设备管理、薪酬管理、人力管理等管理方面；既要立足于岗位能力培训，又要学习国家政策方针、行业政策要求；既要适应公司的长期战略和短期经营目标，又要符合员工个人的职业发展，最终使得培训内容转化为员工的综合能力，全面提升地面服务质量。

（二）建立健全的服务质量管理体系

（1）设置专职机构，建立全员参与机制。服务质量管理是一项长期工作，机场需要设置专职机构来协调质量管理的相关活动。服务质量管理的改进和提升不仅要得到高层管理者的理解和支持，还要全面发动员工参与。因此，机场在制订相关服务标准时可以邀请具体业务的相关人员参与，避免服务质量管理的文件难以落地或出现技术性错误。

（2）建立质量标准文献系统，从纲领性文件到过程指导文件，再到操作指导文件和支持性文件，保证各要素相互协调并有序开展。

（3）完善服务质量测评，构建职能部门评价、业务部门自评、外聘专家测评相结合的三位一体评价系统。

（三）重视客户投诉

（1）设立投诉处理机构，处理服务过程中发生的投诉行为，使得旅客的合理要求得以满足。

（2）规范投诉处理程序，简化旅客投诉手续，适当授权投诉处理部门，如一般性的问题可以临场解决而无须请示，以提高效率，确保及时响应旅客的诉求。

（3）反馈投诉处理信息。对那些投诉量大或有重要价值的信息，工作人员应及时分类和整理，然后将其反馈给相关部门，促使各部分持续改进。

四、完善机场安检

（一）明确安检工作定位

机场安检工作事关社会的公共安全，是机场高度重视的一项工作。因此，在组织实施机场安检工作时，机场应明确以下三个基本原则：① 安检是一项高度优先的目标；② 安检不以营利为目的；③ 个人隐私必须让位于公众安全。因此，机场应根据国家相关法律法规制订出安检规定并广泛宣传，同时从机场设计、组织架构、体系建设、人员安排、设备更新等诸多方面加以完善。

具体而言，机场可为安检部门提供相应的经费，加强设备、技术、物资等保障力度；合理安排安检部门的员工，制订合理的奖惩机制，从而为完善安检提供人员保障。此外，机场还要防止个别素质较低的安检人员滥用职权，蓄意侵犯旅客的隐私；为旅客提供申诉的渠道，保证其合法权益不受侵害。

（二）制订兼具科技性和人性化的安检流程

机场安检的重中之重是查处违禁物品。由于科技的迅速发展，一些违禁品也在向隐秘化、智能化发展。在这种情况下，仅依靠人员和基础设备的检查已经难以满足安检工作的需求。因此，机场应注重先进科技在安检工作中的应用，通过采购一批具有先进水平的设备用于安检来解决这方面的问题。

此外，为了确保安检工作的效率，在保障安全的前提下，机场应进行必要的人性化设置，尽量减少旅客的抱怨。例如，将值机柜台与候机隔离区进行衔接，减少旅客在值机柜台、安检和候机区域之间的行走距离；规定每位旅客等待安检的时间，一旦旅客人数较多，安检调度中心就应及时调配，增加安检通道和人员，对旅客进行分流和疏导。

五、提高不正常航班地面服务水平

（一）满足旅客的知情权需求

相关调查显示，旅客在航班延误时迫切想知道的信息包括以下两项：一是航班延误的原因，二是预计起飞的时间。这就要求地面服务人员加强与航空公司的沟通，并及时将获得的信息通过各种方式向旅客进行传达。在面临预计起飞时间飞机无法起飞的情况下，地面服务人员应及时与旅客进行沟通，了解他们的需求，安排转机或办理退票手续，为愿意继续等待的旅客提供动态信息，让旅客有安全感。

（二）提高服务人员素质

航班延误考验的是地面服务人员的危机处理能力。当出现航班延误时，地面服务人员切忌忽视或态度恶劣地对待旅客。在日常工作中，地面服务人员可从以下两个方面提高自身素质。

1. 沟通能力

航班延误时，地面服务人员会与航空公司及旅客进行沟通。在与航空公司沟通时，地面服务人员需要询问延误的原因及预计起飞时间，并请求他们动态报告相关信息以便告知旅客；在与旅客沟通时，地面服务人员应该表现出足够的真诚和耐心，以安抚他们的急躁情绪，并将所掌握的信息告知旅客，提请他们适当调整后续安排。同时，地面服务人员还要能够预计可能出现的突发情况，然后及时与相关部门进行协调，如开放贵宾候机室、提供食物和住所等。

2. 情绪安抚能力

航班延误一般会造成旅客的焦虑和烦躁，这就需要地面服务人员及时引导，避免旅客情绪爆发而产生不良后果。

六、引导机场商业合理发展

在商品供应异常丰富，电商极为发达的当下，以及在任何地方都能轻松买到商品的情况下，要想让旅客放下手机走进店铺或者在乘机等候时间利用手机端消费，机场需要从航站楼规划与设计阶段开始，在商业定位、商业主题、空间形象、品牌招商、平台打造、营销策划等一系列环节中，创造出超出旅客预期的航空出行商业服务。

（一）商品种类合理化

一般情况下，乘坐飞机的旅客来自世界各地，他们对商品的偏好存在一定的差异。因此，机场应适当调整商品种类，以满足大多数旅客的需求。

（1）了解旅客的构成及他们的消费需求，通过对不同旅客的消费偏好进行整理与分析，掌握他们的消费心理和行为，进而调整机场商品种类布局。通常情况下，在航站楼的各个功能区内，旅客的消费欲望存在一定的差异。例如，在出发大厅，旅客急于办理登机手续和行李托运业务，在此区域内商品种类应该以方便、快速为主；在候机大厅，旅客时间相对充裕，在此区域内商品种类应该相对丰富一些。

（2）与商场相比，由于机场运营成本高，其商品价格一般会高于商场，但机场要确保这种向上的浮动在一个合理的范围之内。一方面，机场要切实按照成本定价法对商品进行定价，即保证商品价格应该是成本加上正常利润；另一方面，机场要遵守物价部门的核定，不随意变动价格。

（二）餐饮业务人性化

机场餐饮应与零售业务紧密结合，充分实现两者的有效互补，让旅客体验购物的全方位享受。

（1）提高餐饮业务的便利性。对那些行程紧张的旅客而言，机场需要在不影响行程的前提下为其提供饮食。因此，机场要合理布局一些提供快餐和简餐的餐馆，以满足旅客对于便利性的需求。

（2）提高餐饮业务的质量。对那些在机场逗留时间较长的旅客而言，他们不仅需要更为精细和美味的食物，同时也会对就餐环境提出更高的要求。因此，机场应设立一些档次较高、环境较好的餐厅，以满足这部分旅客的需求。

（三）资源平台信息化

更好地利用技术优势的商业模式，可以确保商品信息的准确性，实现线上线下的数据共享。因此，机场可以建立一个基于终端商业服务的在线平台，将商业服务的范围从机场购物的消费者逐步扩展到网上下单的消费者，并提供机场送货服务，直接将商品送到消费者手中。

（四）商业体验升级化

出于旅客对体验的追求，零售业重心逐渐从线上回归到线下，这为机场商业带来了新的机遇。

1. 品牌规划升级

机场应以大数据为基础，建立完整的商业资源评估模型，运用先进的管理工具，合理规划机场商业资源，提升品牌整合和运营管理能力，打造机场独特的商业平台品牌，提升机场商业竞争力。

2. 商业模式升级

机场可以从热点消费领域的大局出发，完善机场业务领域的业态，重新优化原有的商业布局，引入以体验为基础的业态模式。同时，在实施招商时，各个消费领域都要选择满足当前旅客消费需求、具有丰富品牌内涵、能够为旅客提供更高品质和体验的消费商品。

3. 机场体验升级

旅客除了关注商品或服务的质量之外，还对体验环境提出了进一步的要求。机场应努力营造舒适、美观、高效的消费环境，以提高旅客对商品和体验的评价。

 辉煌中国

政策引领，提升服务——民航服务质量标准明确

2021 年 9 月 1 日，《公共航空运输旅客服务管理规定》（以下简称"新客规"）正式开始实施。随之同步实施的还有《公共航空运输旅客服务质量管理体系建设指南》（以下简称《建设指南》），它首次对航空公司和机场的服务质量管理进行了系统性地规范和指导，成为落实落地新客规的"左膀右臂"。

民航局运输司相关负责人说，新客规的出台，通过明确各方权责关系，进一步提升了民航服务工作的法制化水平。而《建设指南》的出台，通过推动服务供给侧改革，使有益的管理措施、管理经验体系化、制度化，将有力地推进民航服务质量管理的规范化水平，同时也将成为行政机关履行服务质量监管职责的有效抓手。

2017 年，我国出台《航班正常管理规定》，将航班正常和航班延误后服务工作纳入法制化轨道；2018 年，我国出台首部全面指导民航服务质量的纲领性文件——《关于进一步提升民航服务质量的指导意见》；2019 年，民航局开通 12326 民航服务质量监督电话，让旅客找得到门、找得到人、找得到答案；2020 年，无纸化便捷出行、行李全流程跟踪等多项便民举措取得显著成效；2021 年，新客规颁布实施，投诉、举报、信息备案等配套文件相继出台，搭建起了较完整的旅客服务质量管理框架……各类积极有益的探索都有效提升了民航服务管理能力，提高了旅客服务水平。

资料来源：中国民用航空网，http://www.ccaonline.cn/zhengfu/zftop/670374.html

 任务实施

民航地面服务质量调查

实施步骤：

（1）学生在课后分组收集有关民航地面服务质量的资料。

（2）学生汇总所收集的资料，整理成一份调查报告。

（3）按组派代表上台汇报，教师点评。

 任务评价

请根据表 1-6 对上述任务实施的结果进行评价。

表1-6 任务实施监测表

考核内容	分值	自评分	小组评分	教师评分	实得分
熟悉民航地面服务质量的内容	30				
掌握提升民航地面服务质量的措施	30				
任务资料收集丰富，小组协作良好	20				
讲解条理清晰，观点表达明确，逻辑清楚	20				
总分	100				

自我检测

提升民航地面服务质量的措施有哪些？

任务五 理解信息化技术在民航地面服务与管理中的应用

知识目标

★ 理解信息化技术在民航地面服务与管理中的应用

技能目标

★ 能根据岗位需求熟练掌握相关信息化系统或设备

任务情景

小美所在机场的地服部门在高端旅客服务工作上做了新的尝试与创新，力求让高端服务更加领先化、国际化、品牌化。例如，在高端值机区域增设自助设备，增添高端旅客个性化服务；利用登机牌扫描仪准确统计每日进入各休息室候机的高端旅客数量，及时将旅客基本信息反馈给现场服务人员，便于提供更精准的服务。

一、信息化技术在民航地面服务与管理中的发展

科学技术的发展极大促进了信息化技术的进步，越来越多的信息化技术逐步被应用于实际生产之中。要确保民航业的稳定、健康发展，机场需要在提升对信息化技术认识的基础上，在地面服务与管理中积极应用信息化技术，以此来保证自身的良好发展。

民航业初期阶段的机场形态是提供基本机场运行能力，以机场运营为导向，为飞机起降和进出港的旅客提供必要和安全的基础设施支持。这一时期，机场运营、航线系统和商业单位都是独立的，各自为政，给各个运营主体的合作带来了一定困难。

在信息化技术的不断更新和发展下，机场朝着敏捷性运行发展，机场内各单元和要素之间的协作能力大大增强。机场、空中交通管制、航空公司等相关单位在信息化技术水平不断提高的基础上，建设了一批先进的信息化系统，致力于提升自己的业务能力。例如，GBAS 仪表着陆系统、机坪管理系统、跑道异物监视系统、电子围界监视系统等可以保障飞机安全起降；广播系统、航班大屏显示系统、自助值机系统等能够为旅客提供更便捷的服务，减少旅客的排队时间；航班信息化运行系统、OA 办公系统、行李安检系统等给机场地面服务与管理提供更高效、快捷的管理手段。

二、信息化技术在民航地面服务与管理中的实际应用

随着物联网、大数据、云计算、人工智能等新一代信息化技术的产生与发展，机场以体验为导向，综合运用系统方法、自动控制、模式识别、知识挖掘等理论与工具，以全面态势感知、深度数据融合、主动服务、科学辅助决策为目标，通过建立实时的动态信息服务架构，深度挖掘机场运行大数据，进而不断提升机场资源优化配置、运行管理、公共决策、公众服务、应急处理等能力，从而实现机场主动化运行、个性化服务和智能化管理。

（一）物联网

物联网是一个基于互联网、传统电信网等信息承载体，让所有能够被独立寻址的普通物理对象实现互联互通的网络。物联网利用射频识别等技术，能够将各种物品与互联网相连接，使得各种物品的信息都能够实时在网络中监控，实现业务流程中各物品的可控。

在民航地面服务与管理中，物联网通过对各类设备添加管理模块并进行网络连接，改变了传统的人与人之间的交流接触方式，实现了人与物的交流，使得各类信息能够更加迅

速地进行传递。同时，物联网能够通过设备替代人工进行工作，不仅提高了服务与管理的效率，还降低了人力资源需求。

例如，利用物联网对航站楼内部进行监测，可以减少旅客在等待航班及安检过程中可能出现的各种情况；利用物联网对航站楼外部进行监测，可以为飞机飞行安全提供全面的预警，从而防止突发事件的发生；利用物联网对机场附近的人流量和车流量进行监测，可以根据人员及车辆的定位信息进行分析，进而调整人流和车流调度效果，提高机场各项服务的效率；利用物联网对旅客的托运行李上进行跟踪，可以降低旅客行李错拿、漏拿、错运的概率。

（二）大数据

大数据作为"互联网+"模式的关键部分，能为民航地面服务与管理的发展提供强大的动力。机场内布置的各种功能的传感器和数据采集设备，可以对相关数据进行采集并转移至大数据处理系统。通过对数据的不断积累，大数据处理系统所包含的信息量会逐渐增多，在对这些存储信息进行全面分析的基础上，进一步提高地面服务的效率和质量。

例如，在安全运行上，机场大数据处理系统对各业务口的运营数据进行收集与分析，可以反映各业务口的整体运营状态，从而对各种应急事件的应对提供快速解决方案，降低可能带来的影响，提高各业务口的运营效率和运营质量。又如，在服务营销上，机场大数据处理系统对旅客的消费数据和消费热点进行收集与分析，可以准确掌握旅客的消费习惯和需求，提供相应的服务选择，提高相关业务部门的营销效率与服务质量。

（三）云计算

云计算通过互联网连接高效的处理器对数据进行处理分析，可以大大提升各业务口的数据处理能力，同时节省部门信息化建设的固定成本和设备维护费用。

随着航空运输的迅猛发展，机场航班数量的不断增长，机场在运行中会产生各种类型的数据，如空管数据、机坪数据、设备运行信息等。数据类型繁多、体量巨大、结构不统一是其主要特点。使用云计算，机场能够提高数据传输、数据处理和数据交互的效率，降低数据管理的复杂性、多样性和重复性，提升机场综合集成系统的安全性、灵活性、经济性和可靠性，然后利用各种数据挖掘方法，从航班计划、气象、航行、机场设施设备、地理信息、音频、视频、航班运行管理、旅客信息等数据中充分挖掘机场决策支持信息，从而实现智能排班、智能调度、安全监控、应急管理、系统效能评估等应用。

（四）人工智能

人工智能是信息化发展建设的前沿技术，已经应用于各大领域，如手机语音智能助手、智能客服机器人等。

在民航地面服务与管理中，机场可以在登机口和贵宾休息室、呼叫中心等方面建设和推广人工智能技术。例如，在登机口和贵宾休息室，利用人脸识别技术进行人脸识别工作，提高旅客的身份识别率，降低误登机风险；在贵宾休息室，利用 VR 和 AR 技术，为旅客提供新颖的个性化服务，提升旅客的产品体验；在呼叫中心，利用人工智能直接解决部分简单的问题，提高服务质量的同时降低服务成本。

此外，机场可以人脸识别技术为核心，结合旅客人脸身份信息库和民航公安情报云平台，对旅客进行智能化分类，实施差异化分类安检，实现旅客一张脸自助走遍机场（自助值机、自助行李托运、自助安检、自助登机等）的全流程自助服务，变革旅客出行模式，提升机场运行效率与服务质量，给旅客提供更安全、舒适、便捷的出行体验。

课堂互动

你听说过或见过机场航站楼内的哪些高新科技？

任务实施

民航地面服务与管理信息化技术应用调查

实施步骤：

（1）学生在课后分组收集信息化技术在民航地面服务与管理中应用的资料。

（2）学生汇总所收集的资料，整理成一份调查报告。

（3）按组派代表上台汇报，教师点评。

任务评价

请根据表 1-7 对上述任务实施的结果进行评价。

表 1-7　任务实施监测表

考核内容	分值	自评分	小组评分	教师评分	实得分
了解信息化技术在民航地面服务与管理中的发展	30				
理解常见信息化技术在民航地面服务与管理中的应用	30				
任务资料收集丰富，小组协作良好	20				
讲解条理清晰，观点表达明确，逻辑清楚	20				
总分	100				

自我检测

在民航地面服务与管理中应用的信息化技术有哪些？

民航之窗

成都天府国际机场投运首日：智慧机场提供便捷服务

2021年6月27日上午11时24分，随着西南空管局发布起飞许可，从成都天府国际机场（以下简称"天府机场"）飞往北京首都国际机场（以下简称"首都机场"）的首架航班川航3U8001腾空而起。我国"十三五"期间规划建设的最大民用运输枢纽机场——天府机场正式启用。

"为提高管理运行品质，天府机场融合智慧理念，紧跟行业新趋势，加强毫米波安检门等行业新技术应用，以5G、物联网、大数据、可视化、智能分析、智能神经网络等新技术、新应用作为支撑，加大数据融合与共享，为强化协同、高效、智能的生产运行打下基础。"四川省机场集团有限公司副总经理、天府机场分公司总经理表示。

当日的T2航站楼出发大厅涌入大批前来参观、打卡的成都市民，不少人被专门设置在大厅内的智能问询机器人所吸引。这款机器人通体白色，在大厅内灵活游走，其高度约为一名一年级小学生的身高。据了解，这款机器人可以与旅客语音对话，帮助旅客解决旅途中的小问题。例如，当被问及"如何乘坐出租车"时，这款机器人头部显示器可清晰显示出推荐的乘车地点，十分便捷。

在天府机场航站楼内，大量自助值机设备整齐排列。旅客可在天府机场任意一个自助值机设备上通办除春秋航空外的其他所有航空公司的值机手续。如果有托运行李，旅客只需在所乘航空公司的自助托运设备上进行简单操作，就能轻松办理托运。同时，天府机场还在交通中心换乘大厅，1号航站楼、2号航站楼之间的空港酒店设置了自助值机和自助行李托运设备，能够让旅客就近办理手续，"卸下行装"轻松前往航站楼候机。

此外，在行李托运方面，天府机场还引入AGV（自动导引搬运车）行李小车。透过值机柜台后的透明玻璃墙，旅客可以看到多架运载着行李的AGV行李小车快速有序移动。"这一智能化的行李托运系统很有科技感。"专程来到天府机场体验首航的旅客表示。

值得一提的是，天府机场还拥有自动旅客捷运系统，用于连接 1 号航站楼和 2 号航站楼。该系统全为地下线，全线长 920 米，为两航站楼之间的中转旅客提供免费便捷的摆渡服务。"该系统的最大特点是全自动化无人驾驶，是天府机场打造智慧机场的重要体现。"天府机场分公司机电设备部工作人员表示。

伟大的时代，诞生伟大的工程。天府机场工程的背后是经济社会发展的速度，是科学技术进步的高度，更是关乎百姓生活的温度。天府机场是"一带一路"重要国际门户枢纽、支撑四川乃至西部地区开发开放的新动力源。此后，成都成为继上海、北京后我国第三个拥有两座国际机场的城市。

资料来源：中国民用航空网，http://www.ccaonline.cn/zhengfu/zftop/670374.html

项目学习效果综合测试

一、选择题

1. 国际航空运输协会的英文缩写是（　　　）。

    A. ICAO   B. ITAT

    C. IATA   D. CIAO

2. 中国国际航空公司的两字代码是（　　　）。

    A. CA   B. AU

    C. AO   D. UF

3. 中国南方航空公司的两字代码是（　　　）。

    A. CA   B. CZ

    C. MU   D. CI

4. 以下属于星空联盟的航空公司是（　　　）。

    A. CZ   B. ZH

    C. MU   D. 3U

5. 以下属于天合联盟的航空公司是（　　　）。

    A. OZ   B. CA

    C. MU   D. AI

二、填空题

1. 机场主要功能区可以分三部分，分别为_____、航站楼、_____。

2. 按照机场用途的不同，民用机场可分为_____、_____。

3．全球三家最大的航空公司联盟是_____、_____、_____。

4．_____的前身是 1919 年在海牙成立并在二战时解体的国际航空业务协会。

5．1999 年 2 月 1 日，美国航空、英国航空、国泰航空、澳洲航空、原加拿大航空 5 家分属不同国家的大型国际航空公司发起结盟，建立了_____。

三、问答题

1．什么是航空联盟？通过加入航空联盟，航空公司可以获得哪些好处？

2．说出国内 10 家以上航空公司的名称及两字代码。

3．信息化技术对民航地面服务与管理的发展有何影响？

项目二

客票销售服务与管理

　　客票销售是民航地面服务的首要工作。客票销售工作做得好不好，直接影响着旅客后续的旅行。本项目将重点讲述客票销售的基础知识，航班信息的查询方法，建立与修改旅客订座记录的方法，以及客票变更的方法等。

➚ 熟悉客票销售的基础知识
➚ 掌握航班信息的查询方法
➚ 掌握旅客订座记录的建立及修改方法
➚ 掌握客票变更的方法

➚ 培养爱岗敬业、吃苦耐劳的品质和不计得失、乐于奉献的精神
➚ 在熟悉管理操作规范的过程中，增强严守法规意识，培养敬畏规章的职业操守

任务一　了解客票销售的基础知识

知 识 目 标

★ 认识电子客票的票面信息
★ 了解电子客票行程单
★ 掌握购票的有效证件
★ 掌握票价的种类及适用范围

技 能 目 标

★ 能够熟记电子客票中的信息
★ 掌握售票的流程和服务用语

任务情景

在异地读大学的小帆突然接到家中急电，要她赶回北京家中。坐飞机无疑是最快捷的，可不巧的是，小帆没有足够的钱买机票。通过咨询航空公司，小帆得知可让其家人为她购买电子客票，然后将相关的信息告诉她，她只要到所在城市的机场，凭有效证件即可登机。订好票后，小帆开心地说："电子客票太方便了，拿着身份证就可以直接办理登机手续，既不用担心弄丢机票，也省去了邮寄机票的时间。"

知识讲解

一、客票的定义

客票是指由承运人或代表承运人所填开的被称为"客票及行李票"的运输凭证。客票为记名式，只限客票上所列姓名的旅客本人使用，不得转让和涂改，否则客票无效，票款不退。

电子客票（electroinc ticketing，ET）是普通纸质客票的一种电子替代产品，即通过电子数据的形式来实现客票销售、旅客乘机及相关服务的客票方式。电子客票的出现为航空公司在降低成本、提高管理效率，以及降低风险等方面起到了巨大的作用。

二、电子客票票面信息

电子客票票面如图 2-1 所示。

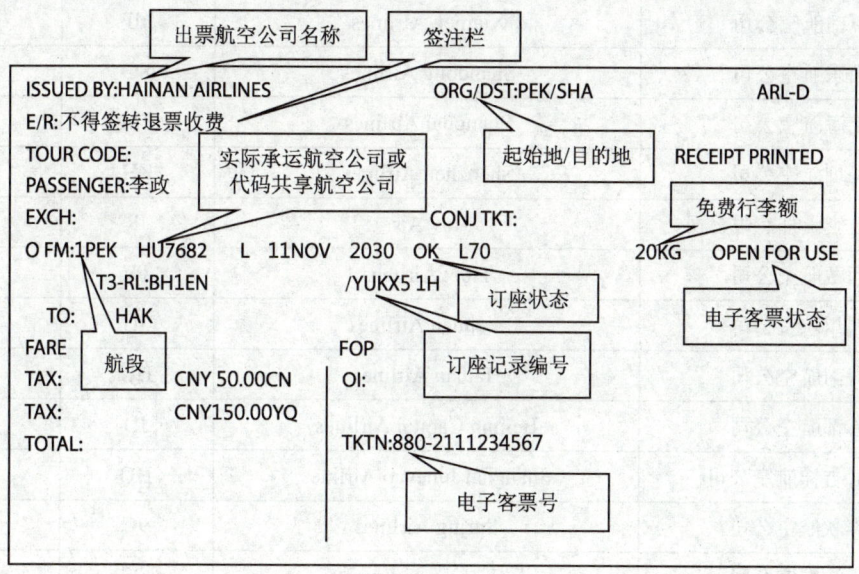

图 2-1 电子客票票面

（一）出票航空公司名称

出票航空公司名称通常以航空公司的英文名称表示。国内主要航空公司中英文名称对照及代码如表 2-1 所示。

表 2-1 国内主要航空公司中英文名称对照及代码表

航空公司中文名称	航空公司英文名称	两字代码	运单代码
中国国际航空公司	Air China	CA	999
中华航空公司	China Airlines	CI	297
国泰航空公司	Cathay Pacific Airways Limited	CX	160
澳门航空公司	Air Macau Company Ltd.	NX	675
奥凯航空公司	Okay Airways Company Linited	BK	866
中国南方航空公司	China Southern Airlines	CZ	784
中国东方航空公司	China Eastern Airlines	MU	781
成都航空公司	United Eagle Airlines	EU	811
重庆航空有限责任公司	Chongqing Airlines	OQ	878

表 2-1（续）

航空公司中文名称	航空公司英文名称	两字代码	运单代码
西部航空有限责任公司	China West Airlines	PN	847
厦门航空公司	Xiamen Airlines	MF	731
山东航空公司	Shandong Airlines	SC	324
上海航空公司	Shanghai Airlines	FM	774
深圳航空公司	Shenzhen Airlines	ZH	479
幸福航空责任有限公司	Joy Air	JR	929
西藏航空公司	Tibet Airlines	TV	088
四川航空公司	Sichuan Airlines	3U	876
海南航空公司	Hainan Airlines	HU	880
首都航空公司	Beijing Capital Airlines	JD	898
上海吉祥航空公司	Shanghai Juneyao Airlines	HO	081
春秋航空公司	Spring Airlines	9C	089
天津航空公司	Tianjin Airlines	GS	826
华夏航空公司	China Express Airlines	G5	987
中国联合航空有限公司	China United Airlines	KN	822
昆明航空有限公司	Kunming Airlines	KY	833
河北航空有限公司	Hebei Airlines	NS	836

（二）订座状态

订座状态说明如表 2-2 所示。

表 2-2　订座状态

状态	说明
OK	座位已订好
SA	利用空余座位
RQ	已申请订座但未列入候补
NS	不单独占座的婴儿

（三）电子客票状态

电子客票常用的 8 种状态及说明如表 2-3 所示。

表2-3 电子客票常用8种状态及说明

编号	状态	说明
1	OPEN FOR USE	客票有效可用
2	VOID	客票无效
3	REFUNDED	已退票
4	CHECKED-IN	已值机
5	USED/FLOWN	已使用
6	SUSPENDED	禁止使用
7	LIFT/BOARDED	已登机
8	FIM EXCH	客票已换开FIM单

（四）电子客票号

电子客票号由13位数字组成，其中前3位为航空公司的运单代码。

三、电子客票行程单

电子客票行程单是旅客购买航空运输电子客票的付款及报销的凭证。旅客可联系航空公司或使用机场自助打印设备获取。一票一单，遗失不补。行程单中包括旅客的航班信息及费用等内容。

购买机票小心伪造行程单

四、购票的有效证件

中国大陆的旅客在订票时须向代理人或航空公司提供有效的身份证件，包括居民身份证、临时居民身份证（见图2-2）、护照（见图2-3）、军官证、文职干部证（见图2-4）、义务兵证、士官证、文职人员证、职工证、武警警官证、武警士兵证、海员证等。

图2-2 临时身份证

图2-3 护照

图2-4 文职干部证

香港和澳门地区的居民应持港澳居民来往内地通行证购票和乘机；台湾居民应持台湾居民来往大陆通行证购票和乘机。

中国大陆 16 岁以下未成年人可凭有效乘机身份证件、出生医学证明、户口簿、学生证或户口所在地公安机关出具的身份证明购票与乘机。

五、票价的种类与适用范围

（一）经济舱、公务舱与头等舱票价

1. 经济舱票价

经济舱票价是经济舱成人旅客的基础票价。

2. 公务舱票价

公务舱是航空公司为了适应旅客对座位和服务的需求，在飞机客舱中设置的较经济舱更加宽敞、舒适的座位，服务质量也高于经济舱。

3. 头等舱票价

头等舱是航空公司为了适应高端旅客对座位和服务的需求而设置的。头等舱的座位宽敞、可以平躺，头等舱的旅客享受最高标准的优质服务。

机票价格是怎么制定的

为适应国内航空运输市场发展，民航局、国家发改委研究决定，自 2010 年 6 月 1 日起，民航国内航线头等舱、公务舱票价实行市场调节价，由各运输航空公司自主定价。各运输航空公司国内航线头等舱、公务舱价格种类、水平及适用条件（含头等舱和公务舱的座位数量、与经济舱的差异以及相匹配的设施和服务标准等）会有所不同。

此外，为倡导全民节约出行，一些航空公司已经取消了头等舱，并推出了超级经济舱。这一举措主要是为了给广大有特殊需求的旅客提供更便捷、亲民、舒适的飞行体验，如带小孩的旅客、残疾旅客和老年旅客等。

（二）儿童与婴儿票价

儿童旅客是指旅行之日满两周岁但不满 12 周岁的旅客。婴儿旅客指旅行之日不满 2 周岁的旅客。值得注意的是，某些航空公司对于出生未满 14 天的婴儿不予承运。儿童和婴儿的票价规定如下。

（1）儿童按照同一航班成人普通票价的 50%购买儿童票，儿童客票提供座位且适用相应的运价规则。

（2）婴儿按照同一航班成人普通票价的 10%购买婴儿票，婴儿客票不提供座位；且婴儿应购买与其陪同人相同舱位服务等级的客票，如需要单独占座位时，应购买儿童票。

（三）团体旅客票价

旅客人数在 10 人（含）以上，航程、乘机日期、航班和舱位相同，并按同一类团体票价支付票款的旅客称为团体旅客。儿童、婴儿不计入团体人数内。团体旅客可以在开放的航班上申请订座，订妥座位后，应在规定或预先约定的时限内购票，否则，所订座位不予保留。

航空公司可视客人团体人数和航班座位的销售情况，向团体旅客提供优惠的票价，大多数航空公司采用一团一议的方法给予优惠，同时采用多等级舱位的方法进行管理。该票价一般附有不得签转、出票时限等限制运输条件。

（四）免票、优惠票

由承运人特殊批准的旅客，凭乘机证明可以填开由该承运人承运的免票、优惠票。例如，航空公司以免票作为员工福利，航空公司常旅客可凭里程积分换取免票。

六、售票流程及服务用语

首先，应询问旅客旅行的起始地、目的地，出行日期及时间。例如，

您好，请问需要订到哪里的机票？您计划哪一天出行？

然后，查看可利用的座位、舱位及相关费用。例如：

按照您计划出行的时间，经济舱（头等舱、公务舱）剩余的座位有××个，费用是×××。

确认航班后，录入旅客的证件信息。此时，需要旅客提供准确、有效的联系方式，以便在出现航班不正常等特殊情况时，航空公司能及时与其取得联系。例如，

请提供您的姓名、证件号和手机号。

如旅客有特殊餐食需求，应在航班起飞前 24 h 提出申请。

订票完成后，应提醒旅客需要注意的有关事项，如乘机日期、何时到达机场办理乘机手续以及注意时差等。例如，

（姓氏）先生/女士，您的航班是××月××日××点××分从×××飞往×××，乘坐国内（国际）航班请您于航班起飞前两个小时（3 个小时）到达机场办理乘机手续，如果没有托运行李，建议您到自助值机设备或用手机值机办理。

知识角

出行小贴士

各航空公司值机柜台截柜的时间不同，具体以航空公司的规定为准。如旅客购买

的是国际机票，应询问其是否清楚前往国的签证制度，并提醒旅客检查所持护照是否在有效期之内，以免出行时产生不必要的麻烦。

课堂互动

内地居民使用港澳通行证可以购买机票吗？购买机票时使用的证件是否必须与乘机证件一致？

尽忠职守

用真情服务旅客，用行动落实工作——记海南航空武汉机场售票处

当旅客在海南航空全国各地售票处购票或咨询航班信息时，经常能看到这样一群专业、敬业、乐业的人，他们热情高效、体贴周到、业务扎实、微笑待客。当问他们，为何如此挚爱这份职业？他们总是说因为穿上制服，就代表了民航人，要做到真情服务；穿上制服，就要守护好这方售票柜台，全心全意为群众办实事……这就是海南航空一线窗口的售票人员。他们积极落实民航局"我为群众办实事"工作要求，践行"店小二"服务精神，为旅客提供高效、贴心、优质的五星服务体验，成为海南航空服务窗口的一道靓丽风景线。

在海南航空武汉机场售票处就有这么一群可爱的售票员，不论是酷暑还是寒冬，她们兢兢业业坚守岗位，同舟共济抗击疫情，为出行旅客送去最温暖的问候和陪伴。

2021年10月27日，20余名行色匆匆、满脸焦虑的旅客来到海南航空武汉机场售票柜台告知售票员，他们已在武汉机场滞留长达两天，因其他航空公司飞机机械故障取消航班，他们的行程严重受到影响，迫切希望海南航空柜台能协助他们立即成行。听着旅客焦急的描述，正在值班的张青凭着多年的服务经验意识到：这么多旅客能到柜台来求助的事情肯定不简单，必须想办法尽快解决。

张青马上与地面保障部门及原出票航司联系了解详情，同时请同事前来帮忙。在主管李娜的带领下，张青与当日值班同事一边耐心安抚情绪焦虑激动的旅客，一边详细分析现场特殊情况，快速制订解决方案。经过多方通力协作和努力，在原出票航司的配合下成功保障了这20余名旅客顺利出行，快速化解了旅客的燃眉之急，得到了旅客和原出票航司的一致肯定和高度赞扬。

资料来源：中国民用航空网，http://www.ccaonline.cn/baozhang/680774.html

票价的查询与计算

学生在课后登录当地航空公司官网，查询一个国内航班。根据所选航班信息的内容，说出其头等舱、公务舱和经济舱的票价分别是多少，并计算出儿童票价。

请根据表 2-4 对上述任务实施的结果进行评价。

表 2-4　任务实施监测表

考核内容	分值	自评分	小组评分	教师评分	实得分
成功登录网站并查询航班信息	20				
正确说出头等舱、公务舱和经济舱的票价	30				
正确计算儿童票价	30				
站姿规范，保持甜美微笑，吐字清晰，声音洪亮	20				
总分	100				

1. 中国国际航空公司、中国南方航空公司、中国东方航空公司和海南航空公司的英文名称分别是什么？

2. 常见的电子客票状态有哪些，分别代表什么意思？

3. 写出以下电子客票的票面信息。

```
ISSUED BY: AIR CHINA        ORG/DST: PEK/CAN          ARL-D
E/R: 不得签转退票收费
TOUR CODE:                              RECEIPT PRINTED
PASSENGER: 李政
EXCH:                 CONJ TKT:
O FM: 1PEK CA1309 L    20SEP    1800    OK L70 20KG    OPEN FOR USE
        T3-RL: BH1EN      /YUKX5 1H
TO: CAN
FARE        FOP
TAX:        CNY 50.00CN          OI:
TAX:        CNY150.00YQ
TOTAL:                    TKTN: 999-2111234567
```

出票航空公司是＿＿＿＿＿＿＿，始发地是＿＿＿＿＿＿，目的地是＿＿＿＿＿＿。
航班号是＿＿＿＿＿＿，出发日期是＿＿＿＿＿＿，起飞时间是＿＿＿＿＿＿。
免费行李额为＿＿＿＿＿＿，签注栏内容是＿＿＿＿＿＿＿＿。
订座状态为＿＿＿＿＿＿，电子客票状态为＿＿＿＿＿＿。
本张客票包含＿＿＿＿个航段。

任务二　掌握航班信息查询指令

知 识 目 标

★ 掌握航班座位信息查询指令
★ 掌握国内票价查询指令
★ 掌握航班经停点查询指令
★ 掌握查询机场、城市代码的指令

技 能 目 标

★ 能够根据航班信息查看座位可利用情况
★ 能够正确查询航班经停点
★ 能够根据航班信息查询国内票价

任务情景

小王接到了一个订票电话，旅客想订一张 5 月 22 日从北京飞往成都的机票，通过查询，小王找到了 5 个可行的航班，信息如下，小王应如何向旅客介绍航班信息？

```
22MAY(SUN) PEKCTU
1  CA1405   PEKCTU   0800 1050   320 0^B   E   FL CX Y8 BS M6 H6 K4 L4 QZ GL
2  CZ 3256  PEKSZX   0755 1255   737 0^B   E   F2 CX Y5 BS M2 H6 KX LX QZ GL
3  HU7279   PEKSYX   0950 1450   737 0^B   E   FL C1 YA B4 MX E5 KX L3 QZ GL
4  MU2862   PEKNKG   0855 1055   320 0^S   E   F1 CL Y7 B7 M4 HX L3 E5 QZ GL
5  MU2802   PEKCAN   1050 1250   320 0^S   E   FX CC Y9 BA MS HQ KZ LL QX G8
```

知识讲解

一、查询航班座位可利用情况

AV 指令用于查询航班座位的可利用情况，以及航班的相关信息，如舱位、起飞到达时间等。

指令格式：

> AV: 选择项/起始地与目的地/日期/起飞时间/航空公司代码/经停标识/座位等级

说明：

（1）选择项包括 H，P，A，E，其中，H 表示查询结果显示航班的全部舱位、代码共享航班情况以及出发和到达航站楼的情况等；P 表示查询结果按照起飞时间的先后顺序排列；A 表示查询结果按照到达时间的先后顺序排列；E 表示查询结果按照飞行时间由短到长排列。若 P，A，E 选项均不填，则默认为 P。

（2）起始地与目的地为必填项，其余为可填项。

（3）日期的输入格式为 DDMMM；若不加日期，则默认显示当天的航班信息，也可以用"."表示当天；用"+"表示明天，"−"表示昨天。

（4）经停标识选项包括 D 和 N，其中，D 表示仅显示直达航班，包括直达经停的航班和直达不经停的航班；N 表示仅显示无任务经停的航班，即只显示直达不经停的航班。若 D，N 均不填，则显示指定日期的所有航班，包括直达航班和转机航班。

应用举例：

查询 9 月 29 日北京至上海的航班的座位可利用情况。

> AV: BJSSHA/29SEP

系统显示：

```
29SEP(MON) BJSSHA  ①

②      ③        ④   ⑤   ⑥     ⑦      ⑧⑨⑩⑪    ⑫   ⑬              ⑭

1   *MU3928 PEKSHA 0650   0906   320 0^B   E   DS#   YA  MS  ES  HS  KS  LS

2    HO1252 PEKSHA 0650   0906   320 0^B   E   DS#   F8 AS JS YA BS LS MS TS ES HS*

3   *CA5901 PEKSHA 0650   0906   320 0^B   E   DS#   YA BS HS KS LS QS

4    MU5138 PEKSHA 0700   0910   333 0^S   E   DS#   FA PA YA BA MA EA HA KA LA NA*

5   *FM5138 PEKSHA 0700   0910   333 0^S   E   DS#   YA MA TA UA HA SA LA QQ EQ

6    3U830Y PEKPVG 0720   0915   320 0 S   E   DS#   FR PR IR AR YR BR TR WR HR MR*
```

说明：

（1）①表示指令的解读，即 9 月 29 日北京至上海的航班。

（2）②表示航班序号。

（3）③表示航班号。

（4）④表示起飞机场，⑤表示到达机场。

（5）⑥表示起飞时间，⑦表示到达时间。

（6）⑧表示飞机的机型，⑨表示经停点的个数。

（7）⑩表示机上座位预定标识，有"^"符号的表示该航班座位可以预订，否则不能预订。

（8）⑪为餐食标志。

（9）⑫为 Wi-Fi 标识，该标识用 I，W，V，E 四个字母表示，其中，I 表示该航班拥有地空互联的客舱无线网络服务，W 表示该航班拥有客舱 Wi-Fi 局域网络，V 表示该航班拥有全舱交互式娱乐系统，E 代表普通电子客票航班。

（10）⑬表示联接协议级别，DS#是最高的协议级别，表示无缝联接。

（11）⑭表示舱位及舱位可利用情况。第一个字符表示舱位，第二个字符表示舱位的可利用情况。头等舱的舱位代码为 F（头等舱免折、常旅客免票的舱位代码为 A）；公务舱的舱位代码为 C，公务舱又分为不同的座位等级，其舱位代码分别是 D，J，R，Z；经济舱的舱位代码为 Y，经济舱里面又分不同的座位等级，其舱位代码分别为 B，K，H，L，M，Q，X，E 不等。舱位可利用情况的代码及释义如表 2-5 所示。

表2-5 舱位可利用情况的代码及释义

舱位可利用情况的代码	说明
A	可以提供9个以上的座位
1～9	可以提供1～9个座位，系统会显示具体的可利用座位数
L	没有可利用座位，但旅客可以候补
Q	永久申请状态，没有可利用座位，但可以申请
S	因达到限制销售数而没有可利用座位，但可以候补
C	该等级彻底关闭，不允许候补或申请
X	该等级取消，不允许候补或申请
Z	座位可利用情况不明，多出现于外航航班

机票候补

经常出差的人可能遇到过这样的情况：需要乘坐飞机立即前往某地，但机票代理网站或航空公司官方网站都提示无票或者售完，又或是只有高价的头等舱，该怎么办呢？此时，旅客可以试试机票候补。

机票候补的道理其实很简单：每个航班上的座位是固定的，旅客无论出于什么原因，总有可能没有到达机场乘坐飞机。因此，就会存在机上座位卖出，但实际上旅客未成行的情况。此时，航空公司就可以将这些座位二次销售，卖给有迫切出行需求的旅客。当然，并不是所有的航班都可以办理候补，旅客可以就具体情况到航空公司设置的候补柜台询问。

课堂互动

利用手机查询关于机票候补的办理流程及相关知识，并与大家分享。

二、国内票价查询

FD指令可以查询国内航空公司国内段票价。

指令格式1：

> FD: 起始地与目的地/日期/航空公司代码

说明：

"起始地与目的地"为必填项；"日期"可使用"−""."和"+"表示昨天、今天、明天；若省略"航空公司代码"，则表示查询所有航空公司的票价。

应用举例：

查询东方航空公司从上海到海口当前的票价。

> FD: SHAHAK/./MU

系统显示：

```
                                                 ①        ②
   > FD: SHAHAK                                 /CNY    /TPM 1762
   ③    ④ ⑤           ⑥           ⑦   ⑧⑨        ⑩          ⑪
   01   MU/F       /1700.00=3400.00/F/F/ /    .   /01JUL19    /MU08   >PFN:01
   02   MU/C       /1470.00=2940.00/C/C/ /    .   /01JUL19    /MU08   >PFN:02
   03   MU/Y       /1130.00=2260.00/Y/Y/ /    .   /01JUL19    /MU08   >PFN:03
   04   MU/B       /1040.00=2080.00/B/Y/ /        /20APR20    /MU08   >PFN:04
   05   MU/M       /990.00=1980.00/M/Y/ /     .   /20APR20    /MU08   >PFN:05
   06   MU/H       /950.00=1900.00/H/Y/ /     .   /20APR20    /MU08   >PFN:06
   07   MU/K       /900.00=1800.00/K/Y/ /     .   /20APR20    /MU08   >PFN:07
   08   MU/L       /860.00=1720.00/L/Y/ /         /20APR20    /MU08   >PFN:08
```

说明：

①为票价单位，②为开票里程，③为序号，④为航空公司代码，⑤为票价类别，⑥为单程票价，⑦为来回程票价，⑧为订座舱位，⑨为服务舱位等级，⑩为票价有效期，⑪为规则编号。

指令格式 2：

> FD: 序号

说明：

该格式使用的前提是先使用 AV 指令查询航班的座位可利用情况，然后在 FD 指令后面加上查询结果中的序号。

应用举例：

查询北京至长沙当前的票价。

> AV: PEKCSX

系统显示：

```
   15FEB (TUE)PEKCSX
   1   HU117    PEKCSX 0830 1035 733 0 M    DS#    FA YA BQ KQ TQ VQ
   2   HU1217   PEKCSX 0830 1035 737 0 YZ
   3   CZ3124   PEKCSX 1115 1330 735 0 M    DS#    YA TQ KQ HS MS UA ES Z5
   4   CZ3142   PEKCSX 1710 1920 735 0 M    DS#    YA TQ KQ HS MS UA ES ZS
   5   CZ6712   PEKCSX 1750 1955 M82 0      DS#    F6 YA
   6   CZ3148   PEKCSX 1800 1950 735 0 M    DS#    YA TQ KQ HA M5 XS Z2
```

> FD: 1

```
FD: PEKCSX/15FEB19/HU
HU/C    /1350.00=2700.00/C/C/  /      .      /    01JUL19      /HU08   >PFN:01
HU/Y    /970.00=1940.00/Y/Y/  /      .      /    01JUL19      /HU08   >PFN:02
HU/F    /2020.00=4040.00/F/F/  /      .      /    06SEP19      /HU08   >PFN:03
```

三、查询航班经停点

FF 指令用于查询航班的经停城市、起降时间和机型等。

指令格式：

> FF：航班号/日期

应用举例：

查询 10 月 9 日 CA929 航班的经停城市。

> FF:CA929/09OCT

系统显示：

```
PEK          0830          74E
SHA          1020          1135
NRT          1520
```

说明：

第一行：PEK（北京首都国际机场）是出发机场，出发时间是 08:30，飞机机型是 74E。

第二行：SHA（上海虹桥国际机场）是经停机场，到达经停机场的时间是 10:20，在经停机场起飞的时间是 11:35。

第三行：NRT（日本东京成田国际机场）是目的地机场，到达目的地机场的时间是 15:20。

四、其他常用指令

（一）帮助指令

鉴于系统中的指令功能较多，系统提供了 HELP 指令，帮助工作人员日常查询使用。

指令格式：

> HELP：功能指令

应用举例 1：

查询 DA 指令的使用方法。

> HELP: DA

系统显示：

如何使用指令 ⟶ DA

DA 指令用来显示某终端上的各工作区的使用情况。

格式: > DA: PID

> DA: 注: PID 为终端的 PID 号，缺省时意指本终端。

例: > DA: 1013

应用举例 2：

查询 AV 指令的使用方法。

> HELP: AV

系统显示：

如何使用指令 ⟶ AV

显示座位可利用情况。

格式 1: 提供起始地与目的地

例 AV: PEKJFK 10DEC/1100

格式 2: 指定经停站

例 AV: PEKJFK 10DEC/1100/MU/D

格式 3: 提供航班号

例 AV: CA981/PEKSHA/5

格式 4: 全部座位等级座位情况显示

例 AV: C/2

（二）查询机场、城市和国家的全称或代码

在实际工作中，售票人员经常要用到各种代码。在订座系统中，有关机场、城市和国家的代码查询，可以使用 CNTD 和 CD 等指令实现。

1. 查询城市/机场的三字代码

指令格式：

> CNTD: T/城市名

说明：

城市名不能使用汉字，可以用英文或拼音。

应用举例：

查询上海的三字代码。

> CNTD: T/SHANGHAI

系统显示：

SHA   SHANGHAI   CN

说明：

SHA 是上海的三字代码；SHANGHAI 是上海的拼音；CN 是中国的两字代码。

2．根据三字代码查询对应的城市或机场

指令格式：

> CD：三字代码

应用举例：

查询 XIY 是哪个城市的三字代码。

> CD: XIY

系统显示：

XIY, SIA/AA, XI AN XIANYANG APT, XIAN, CN, Z1, 00, N34: 26: 9, E108:

说明：

XIY 是西安的三字代码。

3．根据城市名称前几个字母查询三字代码

指令格式：

> CNTD: A/城市名称前几个字母

应用举例：

查询城市名称的前几个字母为 BEI 的三字代码。

> CNTD: A/BEI

系统显示：

BEI	BEICA AIRPORT	BEICA	ET
BEW	BEIRA AIRPORT	BEIRA	MZ
BEY	BEIRUT INTERNATIONAL AIRPORT	BEIRUT	LB
BHY	BEIHAI AIRPORT	BEIHAI	CN
BYD	BEIDAH AIRPORT	BEIDAH	YE
LAQ	LA BRAQ AIRPORT	BEIDA	LY
PEK	CAPITAL AIRPORT	BEIJING	CN

4．查询国家两字代码

指令格式：

> CNTD: N/国家名称

应用举例：

查询中国 CHINA 两字代码。

> CNTD: N/CHINA

系统显示：

```
CN CHINA
```

5．根据国家两字代码查询国家全称

指令格式：

> CNTD: C/国家两字代码

应用举例：

查询 US 是哪个国家。

> CNTD: C/US

系统显示：

```
US    UNITED STATE
```

6．根据航空公司两字代码查询航空公司名称

指令格式：

> CNTD: D/航空公司两字代码

应用举例：

查询 LH 是哪家航空公司。

> CNTD: D/LH

系统显示：

```
LH   NI LUFTHANSA   德国汉莎航空公司
```

说明：

两字代码为 LH 的航空公司为德国汉莎航空公司，其英文全称为 LUFTHANSA。

（三）使用计算指令

计算指令 CO 能够提供多种运算功能。

1．四则运算

指令格式：

> CO: 四则运算表达式

应用举例：

> CO: 100/6

系统显示：

```
=16.6667
```

2．时差计算

指令格式 1：

用于计算两城市间的时差。

> CO: T/起始地与目的地

应用举例：

查询 PEK 与 NYC 的时差。

> CO: T/PEKNYC

系统显示：

```
PEK: 10OCT18 1613    NYC: 10OCT18 0313
GMT: 10OCT18 0813    TIM DIF: 13
```

说明：

（1）北京时间 2018 年 10 月 10 日 16:13。

（2）纽约时间 2018 年 10 月 10 日 03:13。

（3）格林尼治时间 2018 年 10 月 10 日 08:13。

（4）北京与纽约时差为 13 h，即北京比纽约早 13 h。

指令格式 2：

用于显示某城市时间的 GMT 标准时间。

> CO: T/城市代码/日期/时间。

应用举例：

查询北京 2019 年 1 月 1 日零时的 GMT 标准时间。

> CO: T/PEK/01JAN19/0000

系统显示：

```
PEK: 01JAN19 0000
GMT: 31DEC18 1600
```

说明：

北京时间 2019 年 1 月 1 日零时是 GMT 标准时间 2018 年 12 月 31 日 16 点。

（四）使用翻页指令

在系统使用过程中，不可避免地会出现显示内容多于一页的情况，需要通过指令翻页。系统提供了显示下一页、第一页、前一页和最后一页等的对应功能。对应指令如表 2-6 所示。

表 2-6　翻页功能对应的指令

指令	指令英文全称	功能	快捷键
PN	PAGE NEXT	下一页	F5
PB	PAGE BACK	前一页	F6
PF	PAGE FIRST	第一页	
PL	PAGE LAST	最后一页	
PG	PAGE	重新显示当前页	

任务实施

航班信息的查询与解读

实施步骤：

（1）使用 AV 指令查询 5 月 22 日从北京飞往成都的航班座位可利用情况。

（2）向旅客说明各个航班的航空公司、起飞机场、到达机场、起飞时间、到达时间、飞机的机型，以及可以预订的座位情况。

任务评价

请根据表 2-7 对上述任务实施的结果进行评价。

表 2-7　任务实施监测表

考核内容	分值	自评分	小组评分	教师评分	实得分
正确使用指令查询信息	20				
正确说出航空公司的名称，以及起飞和到达时间	10				
正确介绍各舱位的座位情况	50				

表 2-7（续）

考核内容	分值	自评分	小组评分	教师评分	实得分
正确说出飞机的机型，起始地和目的地	10				
站姿规范，保持甜美微笑，吐字清晰，声音洪亮	10				
总分	100				

自我检测

1．字母"A""L""S"分别代表航班座位的哪种可利用情况？
2．查询航班座位可利用情况以及国内票价的指令分别是什么，其指令格式是什么？

任务三 掌握建立与修改订座记录的方法

 知识目标

★ 理解旅客 PNR 信息的含义
★ 掌握各项旅客订座指令的格式

 技能目标

★ 能够使用订座指令建立旅客 PNR 信息
★ 能够使用相应指令修改与删除旅客 PNR 信息

任务情景

张女士需要订一张 10 月 12 日从北京飞往广州的经济舱机票，起飞时间在 9 点以后，另外需要订一份纯素餐，联系电话为 13712344332，最晚付款时间为 10 月 10 日中午 12 点。查询到的航班信息如下，请根据以上信息需求为张女士建立订座记录。

1	CA1351	PEKCAN	0800 1100	330	FL CX Y8 BS M6 H6 K4 L4 QZ GL
2	FM9853	PEKCAN	0920 1220	321	FS C1 Y7 B7 E6 H1 LZ M7 N8 RA

一、旅客订座记录的建立

旅客订座记录是一组包含了旅客姓名、航程、联系方式等相关信息的记录，简称 PNR（passenger name record）。

（一）姓名组

姓名组包含旅客姓名、称谓、特殊旅客代码及其所订座位数等内容。

指令格式：

> NM: 座位数 旅客姓名（特殊旅客代码）

应用举例：

> NM: 1 张明

（二）航段组

航段组的建立，标志着航班座位的实际销售。在一般情况下，航段组分为可采取行动的航段组、提供到达情况或到达情况不明的航段组以及不定期航段组。

1. 直接建立航段组

当订票人员知道所订航班的所有信息，如航班号、舱位、日期、可利用座位的情况等，就可以使用 SS 指令直接建立航段组。

指令格式：

> SS: 航班号/舱位/日期/起始地与目的地

应用举例：

订取 11 月 18 日广州到三亚的 CZ6736 航班经济舱的一个座位。

> SS: CZ6736/Y/18NOV/CANSYX

2. 间接建立航段组

间接建立航段组需要先将航班信息提取出来，再根据旅客的要求选择适当的班次。因此，在间接建立航段组前，需要先使用 AV 指令查询航班，然后再通过 SD 指令建立航段组。

指令格式：

> SD: 序号 舱位等级 订座数

应用举例：

首先，查询北京至广州航班。

> AV: PEKCAN

系统显示：

| 1 | CA 1351 FL CX Y8 BS M6 H6 K4 L4 QZ GL PEKCAN 0800 1100 330 |
| 2 | FM 9853 FS C1 Y7 B7 E6 H1 LZ M7 N8 RA PEKCAN 0920 1220 321 |

然后，选择第一个航班、经济舱、1 个座位

> SD: 1Y1

（三）联系组

联系组的功能是记录旅客的联系方式，方便与旅客取得联系。联系组的信息是需要订票人员手动输入的。

指令格式：

> CT: 城市/联系电话

应用举例：

输入旅客的联系方式为 010-87654321。

> CT: PEK/010-87654321

（四）出票组

对于已订妥的座位，旅客应在承运人要求的时限内完成付款，承运人应对所订座位在规定的时限内予以保留。一般情况下，航空公司都是采用随订随付的方式。如果旅客未在要求时限内付款，承运人将不再保留座位，以便航班座位的再次销售，从而提高座位的利用率。

出票组注明了旅客的出票情况，已出票的将给出票号，未出票的则显示具体的出票时限。

指令格式：

> TK: 类型/时间/日期/出票部门

说明：

（1）"类型"包括 T 和 TL 两种，T 为已出票，TL 为出票时间限定。

（2）"时间"为指定计划出票时间。

（3）"日期"为指定计划出票日期。

（4）"出票部门"为指定计划出票部门。

1. 已出票

应用举例：

> TK: T/123456789000

说明：

已经出票，票号为 123456789000。

2．未出票

应用举例：

> TK: TL/1200/19JUL/BJS123

说明：

未出票，计划出票时间为 7 月 19 日 12 点，出票单位是 BJS123。

（五）特殊服务组

特殊服务信息包括特殊旅客、特殊餐食、无人陪伴儿童、常旅客等信息。

指令格式：

> SSR: 服务类型代码 航空公司代码 行动代号 需要该项服务的人数 自由格式文本/旅客标识/需要该项服务的航段序号

1．特殊旅客申请

常用特殊旅客代码如表 2-8 所示。

表 2-8　常用特殊旅客代码表

特殊旅客	代码
轮椅旅客	WCHC（旅客需要全程使用客舱轮椅）
	WCHS（旅客不能自行上下楼梯，但可自行到达座位）
	WCHR（旅客可以使用客机梯到达座位，但需要坐轮椅到达客机梯）
盲人旅客	BLND
婴儿摇篮	BSCT
额外座位的旅客	EXST
担架旅客	STCR
客舱占座行李	CBBG
儿童	CHLD
无成人陪伴儿童	UMNR
聋哑旅客	DEAF
身体患病旅客	MEDA

应用举例：

申请无成人陪伴儿童。

指令格式：

> SSR: UMNR 航空公司代码 NN1/起始地与目的地 航班号 舱位 航班起飞日期/文本/Pn/Sn

说明：

（1）UMNR：无成人陪伴儿童申请。

（2）航空公司代码：若输入 YY，系统会根据航段自动套用代码。

（3）NN1：申请代码与数量，固定格式。

（4）起始地与目的地、航班号、舱位、航班起飞日期：可省略，以 Sn 方式指定订单中的航段序号。

（5）Pn：成人旅客序号。

（6）Sn：航段序号。

2. 特殊餐食申请

有的旅客因为个人饮食习惯或宗教信仰，对餐食有特殊的要求，需要在订票时进行标注。

指令格式：

> SSR: 餐食代码 航空公司代码 NN1/起始地与目的地 航班号 舱位 航班起飞日期/文本/Pn/Sn

说明：

（1）航空公司代码：若输入 YY，系统会根据航段自动套用代码。

（2）NN1：申请代码与数量，固定格式。

（3）起始地与目的地、航班号、舱位和航班起飞日期：均可以省略，在最后以 Sn 的方式指定订单中的航段序号。

（4）Pn：成人旅客序号。

（5）Sn：航段序号。

常用特殊餐食代码如表 2-9 所示。

表 2-9 常用特殊餐食代码表

特殊餐食	代码
亚洲素食	AVML
糖尿病餐	DBML
纯素餐	VGML
穆斯林餐	MOML
犹太餐	KSML
印度餐	HNML
婴儿餐	BBML
儿童餐	CHML
低脂餐	LFML

知识角

订座信息中的乘客姓名须与其身份证姓名一致

孙先生的名字里有一个"中"字，日常交往都用这个含"中"字的名字，但孙先生的身份证名字则采用了音同字不同的"忠"字。单位经办机票订购的人员事先不知情，便用孙先生有"中"字的姓名订票，但到了机场过安检时，安检方面要求乘客"三证"上的姓名必须一致，即机票、登机牌和身份证上的乘客姓名不能存在差异，否则不让乘客登机。由此给孙先生的出行带来了极大的不便。

因此，在订票时，工作人员一定要与旅客核实每一个字。若其日常使用的姓名与证件的姓名存在"音同字不同"的情况，或者乘客姓名中有生僻字，以致电脑打不出来，那么，在订票的过程中输入乘客姓名时，姓可用汉字，名字则可输入拼音，并且注意电脑订座记录上的姓名与机票上的姓名保持一致。这样，乘客在领取登机牌时，一般在其登机牌上的姓名部分加注汉字并盖章即可。

课堂互动

两名同学一组，分别扮演有不同需求的特殊旅客和订票人员，请订票人员妥善处理旅客的需求。

二、旅客订座记录的生效

旅客订座记录虽然显示在屏幕上，但并未正式生效，只有用指令封口后，旅客订座记录才正式生效。

指令格式：

>@ 选择代码　　　或　　　>\ 选择代码

说明：

（1）封口指令可以单独输入，也可以一组指令的最后输入。

（2）封口时，系统会自动检查所输入的内容是否完整和正确。

（3）封口后，旅客的订座记录编号及航段信息将显示在屏幕上。

（4）一般情况下，选择代码是可以不用的，但在特殊情况下，需要添加选择代码 K 或 I。代码 K 表示当订单中有航班变化提示时，可以通过 K 参数清理航段信息生成订座记录。代码 I 表示当订单中有不连续的行程时，可以通过 I 参数跳过检查生成订座记录。

三、旅客订座记录的修改与删除

当旅客订座记录中出现了错误信息，我们可以对其进行修改或删除。

（一）旅客姓名的修改

1. 散客

指令格式：

> 序号/1 姓名

说明：

（1）序号：订座记录中要修改的旅客序号。

（2）1 姓名：一个新名字，英文名的姓与名之间用"/"分隔，中文姓名不分隔。

2. 团队

团队具体旅客的姓名修改与散客一致。

指令格式：

> 序号/序号.../#G

说明：

（1）团队订座记录中已输入旅客名单取消，保留座位。

（2）序号/序号...：指定需要修改的旅客序号。

（3）#：需要修改的旅客总数量。

（4）G：将指定的旅客姓名替换为空，团队座位数不变。

（二）其他信息项的修改

对于其他信息项的修改，我们需要先将原记录删除，输入新的信息即可。删除记录的指令为 XE。

指令格式：

> XE: 序号

（三）旅客订座记录的还原与确认

针对旅客订座记录的各种改动有两种结束方式，即确认改动和放弃改动。

1. 确认改动

同生成新记录一样，记录确认通过@或@K/I 参数组合的方式完成。该参数组合完成的是一次封口操作，即一次更新，在查看记录中的历史部分时，可以看到更新的记录。

2. 放弃改动

若要放弃改动，直接输入 IG，或省略输入 I 就可以了。当所有修改均放弃后，系统显示 NO PNR，表示已经没有任何记录在处理中。

说明：

系统对于记录的修改确认分两次提醒，4 分钟内确认修改或封口，3 分钟内再次确认修改或封口。若确认修改超时，系统会提示记录已经超时，要求重新操作。

（四）旅客订座记录的删除

当旅客改变了订座需求，应及时删除订座记录，以释放出订单所占用的座位。值得注意的是，订座记录的删除是不可恢复的，因此需谨慎操作。

1. 删除订座记录

删除订座记录时，应先将旅客的订座记录提取出来，然后直接使用 XEPNR@就可以删除掉 PNR，释放座位了。

每一个订座记录在封口后，系统都会随机给出一个记录编号，由 5 位数字或字母组成。提取订座记录的指令是 RT。

指令格式：

> RT: 记录编号

> XEPNR@

应用举例：

> RT: YY87Z

> XEPNR@

系统显示：

```
> XEPNR@
PNR CANCELLED YY87Z
```

2. 修改未完成时的记录删除

在有多个订单同时操作的情况下进行删除记录的操作，系统会提示"NEED ES"，提醒有订单处理未结束，不能操作。此时可通过 IG 指令处理，当 IG 指令提示 NO PNR 时，表示已经没有未完成记录，这时再提取要删除的订座记录进行删除操作即可。

任务实施

建立旅客订座记录

实施步骤：

（1）利用 NM 指令为张女士建立姓名组信息。

（2）应张女士的相关要求建立航段组信息。

（3）利用 CT 指令为张女士建立联系组信息。

（4）为张女士办理特殊餐食申请。

（5）封口旅客订座记录。

任务评价

请根据表 2-10 对上述任务实施的结果进行评价。

表 2-10　任务实施监测表

考核内容	分值	自评分	小组评分	教师评分	实得分
姓名组信息正确	20				
航段组信息正确	30				
联系组信息正确	10				
出票组信息正确	30				
特殊服务组信息正确	10				
总分	100				

自我检测

1．婴儿餐、儿童餐、纯素餐分别用什么代码表示？

2．旅客的订座记录包括哪些信息？

任务四　掌握客票变更的方法

知 识 目 标

★ 了解客票变更的含义

★ 熟悉客票变更的一般规定

★ 掌握客票变更的处理方法

技 能 目 标

★ 能够熟练、准确地处理客票变更业务

任务情景

　　杨女士订购了一张 7 月 27 日从北京飞往长沙的机票，起飞时间为下午 1:30，但当杨女士到机场换取登机牌时，却被通知航班由于天气原因取消。杨女士来到柜台咨询，请为杨女士提供帮助和建议。

知识讲解

一、客票变更的含义

　　客票变更是指旅客购买客票后，要求改变航班、日期和舱位等级等。客票变更分为自愿变更和非自愿变更。自愿变更是由于旅客自身原因要求进行客票变更。非自愿变更是由于承运人的原因而导致的客票变更。

二、客票变更的一般规定

　　客票变更的一般规定有以下几点。
　　（1）要求变更的客票必须在有效期内。
　　（2）要求变更的客票不得违反票价限制条件。
　　（3）变更航程或乘机人，均应按退票处理，重新购票。
　　（4）变更承运人，应按客票签转有关规定处理。
　　（5）客票变更后，客票的有效期仍按原客票出票日期或开始旅行的日期计算。
　　（6）旅客要求变更航班、乘机日期或航程，必须在原定航班离站时间前提出，承运人可按有关规定给予办理。

三、客票变更的处理

（一）自愿变更的处理

1. 变更舱位等级

　　承运人及其代理人应在航班有可利用座位的条件下予以积极办理，票款的差额多退少补。如旅客要求升舱（Y 舱升为 F 舱），则补收差价，换开客票。如旅客要求降舱（F 舱降为 Y 舱），应先按退票处理，收取退票费，再重新开票。

2．变更航班和乘机日期

旅客若在航班规定的离站时间前提出此要求，承运人及其代理人应根据有关规定积极办理。

3．变更承运人

头等舱（F）、公务舱（J）、超级经济舱（G）和经济舱（Y）普通票价，使用 F/J/G/Y 舱的政府采购票价及儿童、婴儿、革命伤残军人和因公致残人民警察 5 折优惠票价，允许自愿变更承运人。使用除上述票价以外的客票，不允许自愿变更承运人；如旅客申请自愿变更承运人，可按自愿退票办理。

如变更后承运人适用票价高于原票价，需补齐票价差额后进行变更，同时收取变更手续费；如变更后承运人适用票价低于原票价，可按自愿退票办理。如按照自愿变更办理，差额不退，同时收取变更手续费。

（二）非自愿变更的处理

1．变更舱位等级

承运人应尽快安排后续航班，费用的差额多退少补。

2．变更航班和乘机日期

承运人应尽快安排后续航班，在征得旅客及有关承运人的同意后，办理签转手续。

四、退票

退票是指旅客在购票后，由于自身或承运人的原因，无法在客票有效期内完成部分或全部航程，要求退还部分或全部未使用的航段票款。

（一）退票的一般规定

退票的一般规定有以下几点。

（1）旅客应在客票有效期内提出退票，过期不予办理。

（2）票款只能退给客票上列明的旅客本人或客票的付款人。

（3）当客票上列明的旅客不是该客票的付款人，并且客票上已列明了退票限制条件，应按列明的退票限制条件将票款退给付款人或其指定人。

（4）旅客退票应出示本人有效身份证件；如退票收款人不是客票上列明的旅客本人，应出示旅客及退票收款人的有效身份证件。

（5）由于承运人未能按照运输合同提供运输，对旅客未能使用的全部或部分客票，承运人应办理非自愿退票。

（6）若旅客因其健康状况不适宜乘机而要求办理退票，可按非自愿退票的规定办理。旅客在办理退票时，需提供区级以上医疗单位出具的医生诊断证明。患病旅客的陪同人员要求退票，应与患病旅客按同等规则办理。

特价机票退改签
实施阶梯费率

（7）退票费计算到元为止，元以下四舍五入进整。

（8）持婴儿客票的旅客要求退票，免收退票费。

（9）革命残废军人（警察）退票，免收退票费。

（二）退票的时限

旅客要求退票，应在其客票有效期内向承运人提出，否则承运人有权拒绝办理。

（三）退票的地点

旅客自愿退票，应在下列地点办理。

（1）在出票地要求退票，只限在原购票的售票处办理。

（2）在出票地以外的航班始发地或终止旅行地要求退票，可在当地的承运人售票处办理；如当地无承运人售票处，可在经承运人特别授权的当地承运人销售代理人售票处办理。

（3）持不定期客票的旅客要求退票，只限在原购票的售票处办理。

旅客非自愿退票，可在原购票地、航班始发地、经停地、终止旅行地的承运人售票处或引起非自愿退票事件发生地的承运人店面服务代理人售票处办理。

（四）非自愿退票的处理

非自愿退票是由于承运人的原因而导致的退票，包括承运人取消航班以及航班衔接错失。承运人取消航班是指承运人未按航班时刻表飞行，或者航班未在客票中的目的地降停。航班衔接错失是指承运人要求旅客中途下机或拒绝旅客乘机（因旅客证件不符合规定，以及违反相关的国家政策或承运人的要求、规定者除外）。

非自愿退票均不收取退票费。客票全部未使用，应退还全部原付票款；客票部分使用，则退还未使用航段票款。若航班在非规定的航站降落，旅客要求退票，原则上退还由降落站至旅客到达站票款，但不得超过原付票款金额。

（五）自愿退票的处理

自愿退票是由于旅客自身原因要求退票。如旅客自愿退票，代理人应按照承运人的规定收取退票费。各航空公司根据客票舱位与折扣的不同，收取的退票费率也有所不同。表2-11所示为某航空公司自愿退票手续费收费标准。

表 2-11　某航空公司自愿退票手续费收费标准

服务等级	舱位代码	航班起飞前30天（720 h）（含）之前	航班起飞前30天（不含）至14天（336 h）（含）	航班起飞前14天（336 h）（不含）至4 h（含）	航班起飞前4 h（不含）至航班起飞后
头等舱	F	免费	5%	5%	10%
	A	5%	5%	10%	20%
公务舱	J	免费	5%	5%	10%
	C/D/Z/R	5%	5%	10%	20%
超级经济舱	G	免费	5%	10%	20%
	E	10%	15%	20%	30%
经济舱	Y	免费	5%	10%	20%
	B/M/U	10%	15%	20%	30%
	H/Q/V	10%	25%	30%	40%
	W/S	20%	45%	50%	100%
	T/L/P/N/K	30%	60%	90%	100%

例如，旅客刘红于 8 月 2 日在北京购买了某航空公司的联程客票，详情如表 2-12 所示。

表 2-12　联程客票详细信息

航段	承运人	航班号	等级	日期	时间	订座情况	票价级别/客票类别
北京—西安	××	××1203	Y	20SEP	0735	OK	Y
西安—上海	××	××1215	Y	21SEP	0820	OK	Y

旅客刘红购买的全程票价为 1 850.00 元，其中，北京至西安航段的票价为 840.00 元，西安至上海航段的票价为 1 010.00 元。旅客 9 月 19 日 16:00 在北京自愿要求退票，应按下列程序办理。

第一步，分段计算退票费。

北京至西安航段的退票费=CNY840.00×10%=CNY84.00。

西安至上海航段的退票费=CNY1 010.00×10%=CNY101.00。

退票费总计=CNY84.00+CNY101.00=CNY185.00。

第二步，填制收费单，如图 2-5 所示。

××航空公司退票、误机、变更收费单

编号：

航空承运变更情况		应收应退款		
原承运航空公司	××航空公司	退票使用栏	客票价款	1 850.00 元
原客票号	0002223456783		应收退票费	185.00 元
原承运日期	20SEP/21SEP		实际退款	CNY 1 665.00 元
原航班号	××1203/××1215	应收误机费		一元
变更后承运航空公司		应收变更费		一元
变更后承运日期		加盖公章	制单地点：PEK	
变更后航班号			制单单位：CAXIDAN	
备注：付款方式 CASH，自愿退票。			PEK001	

制单日期：××××.9.19　　　　　　旅客姓名：刘红　　　　　　经办人：李方

注：退票费应全部归原客票所属航空公司。

图 2-5　收费单

五、FIM 单

FIM（flight interruption manifest）单，即飞行中断舱单，指航班在到达经停站后，由于航班取消、航班延误、航班超售及航班衔接错失等原因取消后续航段飞行，致使航程中断。

航程中断后，若需使用其他航班运输旅客，应分别按不同的接运航班，根据原客票（包括任何客票，如免票）旅客联，填制《飞行中断舱单》作为运输的凭证。《飞行中断舱单》一式三份，原始舱单随接运航班乘机联给接运承运人，一份给承运人收入结算部门，一份由填制中断舱单的机场留存。

"登机口改签航班"服务

中国东方航空股份有限公司（以下简称"东航"）与上海虹桥机场公司合作，依托东航个性化离港系统，推出了"登机口改签航班"服务。该项服务通过系统与航班动态地实时对接，可在登机口直接帮助旅客改签至其他航班，旅客无须在登机口和票务柜台间来回奔波。

以往，有些通过安检进入候机区域的旅客，会因为对机场环境不熟悉导致误机；还有些旅客到达登机口的时间比较早，想提前成行。这些旅客如要改签航班，都必须从候机区返回至值机区办理改签手续，再次接受安检后才能进入候机区域。"登机口改签航班"服务的推出，简化了原先烦琐的程序，使得旅客在候机区内办理完航班改签手续后，可从原航班登机口直接赶至新改签航班的登机口。这项服务简化了服务流程，为旅客改签航班提供了便利。

课堂互动

5 名同学一组，分头收集各个航空公司对于非自愿变更客票的处理方式，然后进行交流讨论。

为旅客办理客票变更或退票

实施步骤：

（1）为航班的取消向杨女士表达歉意。

（2）了解杨女士的诉求，是要变更航班，还是要退票。

（3）若杨女士要求变更航班，应尽快安排后续航班，在征得杨女士及承运人的同意后，办理签转手续。

（4）若杨女士要求退票，在客票全部未使用的情况下，应退还全部原付票款，且不得收取退票费。

请根据表 2-13 对上述任务实施的结果进行评价。

表 2-13　任务实施监测表

考核内容	分值	自评分	小组评分	教师评分	实得分
站姿规范，保持甜美微笑	10				
与旅客沟通时有目光接触，适时点头回应	10				

表 2-13（续）

考核内容	分值	自评分	小组评分	教师评分	实得分
表达清晰有条理，声音洪亮	20				
有同理心	10				
为旅客提供适当的解决方案	50				
总分	100				

自我检测

说说客票变更的含义及分类。

民航之窗

践行真情服务，提供暖心关怀

汪亮是海南航空地服管理部武汉航站的一名商务带班。2021 年 11 月 1 日，HU7066 航班（武汉—海口）即将从武汉天河机场出发飞往海口，旅客王女士因有中高风险城市旅居史，在登机口被告知须提供 48 小时内的核酸检测阴性结果，否则无法登机。王女士对此没有提前准备，当得知要在武汉继续滞留后，她显得十分焦虑。

此时，正在登机口负责查验旅客行程码的汪亮细心地注意到了焦急的王女士，立即上前询问。原来，由于前天其他航司航班取消，王女士改签至 11 月 1 日的航班，但并没有收到需要核酸检测的通知，因此，她深感焦虑的同时，对再次不能成行感到愤怒与不解……前后近 1 小时的时间内，汪亮耐心倾听，一边耐心地安抚她愤怒的情绪，一边细心地解释了目前的疫情政策。与此同时，他协助王女士免费办理航班退改签手续，解决了王女士的后顾之忧后，并为王女士查询从机场到最近的核酸检测点的交通路线。

在王女士等待核酸检测结果的 2 天时间里，汪亮仍然与王女士保持着积极地沟通，时刻关注其核酸检测情况。11 月 2 日，王女士核酸检测阴性结果出来后，汪亮又第一时间联系售票柜台为她改签了当天的 HU7064 赴琼航班，最终王女士在汪亮不断地关心和沟通帮助中顺利回家。

　　汪亮凭借耐心与专业，为旅客提供了温暖贴心的服务，获得了王女士的认可，生动诠释了民航真情服务的精神。后来，王女士在给汪亮的表扬信中这样说道："汪亮这种负责任的敬业精神与专业素养，为旅客提供的人性化服务，值得被更多人看到。"

　　　　资料来源：中国民用航空网，http://www.ccaonline.cn/baozhang/682261.html

项目学习效果综合测试

一、选择题

1. 下列代表头等舱的是（　　）。

   A. F 舱
   B. Y 舱

   C. H 舱
   D. E 舱

2. 代表已订座的状态是（　　）。

   A. SA
   B. RQ

   C. OK
   D. NS

3. 儿童票的年龄范围是（　　）。

   A. 6～12 岁
   B. 0～2 岁

   C. 2～12 岁
   D. 2～6 岁

4. 某些航空公司准予承运的婴儿旅客的年龄范围是（　　）。

   A. 10 天～2 岁
   B. 1 岁～2 岁

   C. 14 天～1 岁
   D. 14 天～2 岁

5. 下列代表公务舱的是（　　）。

   A. F 舱
   B. Y 舱

   C. C 舱
   D. E 舱

6. 下列代表经济舱的是（　　）。

   A. F 舱
   B. Y 舱

   C. M 舱
   D. E 舱

二、填空题

1. 请将下列客票的状态说明补充完整。

编号	状态	说明
1	OPEN FOR USE	
2	VOID	
3	REFUNDED	
4	CHECKED-IN	
5	USED/FLOWN	
6	SUSPENDED	
7	LIFT/BOARDED	
8	FIM EXCH	

2. 请写出下列航空公司对应的中/英文名称。

中国国际航空公司	
	CHINA EASTERN AIRLINES
	CHINA SOUTHERN AIRLINES
海南航空公司	

3. 儿童按照成人全票价的_____定价，提供座位。婴儿按成人全票价的_____定价，不提供座位。

4. 请根据下列票价信息填空。

```
>FD：PEKSHA                        /CNY    /TPM 1178
01   CA/F        /1700.00=3400.00/F/F/  /  .  /01JUL19    /CA08    >PFN:01
```

（1）承运的航空公司是_____。

（2）舱位为_____。

（3）单程票价为_____，往返票价为_____。

（4）该航线的实际里程为_____。

5. 中国大陆 16 岁以下未成年人可凭有效乘机身份证件、_____、_____、学生证或户口所在地公安机关出具的身份证明购票与乘机。

6. 根据下列航班信息填空。

```
1   CA1607   PEKDLC   0645 0815   321 O^S     E    FA AS OS Y2 BA M4 HS
```

航班号为_____，起始地为_____，目的地为_____，起飞时间为_____，到达时间为_____，Y舱可利用座位有_____个。

7. 查询7月12日北京到上海虹桥机场票价的指令为_____。

8. 查询LH代表哪家航空公司的指令为_____。

9. 查询SHA是哪个城市的代码的指令为_____。

10. 查询上海的三字代码的指令为_____。

11. 写出以下代码对应的特殊餐食或特殊服务。

BLND _____　　　　CBBG _____

BSCT _____　　　　AVML _____

EXST _____　　　　WCHR _____

STCR _____　　　　WCHS _____

三、简答题

1. 电子客票与纸质机票相比有哪些优势？

2. 哪些证件可以作为购票的有效证件？

3. 客票变更的一般规定有哪些？

4. 如何为旅客办理自愿退票？

四、上机操作题

李响先生需要订一张3月12日从北京飞往深圳的经济舱机票，起飞时间在9点以后，另外需要订一份纯素餐，联系电话为18713321554，最晚付款时间为3月9日中午12点。查询到的航班信息如下，请根据以上信息需求为旅客建立订座记录。

1	CA 1367	PEKSZX	0920 1245	773 O^S	E	FL CX Y8 BS M6 H6 K4 L4 QZ GL
2	CA 1397	PEKSZX	1420 1745	330 O^S	E	FS C1 Y7 B7 E6 H1 LZ M7 N8 RA

项目三

机场值机服务与管理

::::: 项目导读 :::::::::::::::::

　　值机工作的主要内容是为旅客办理乘机手续，包括查验客票、客舱座位安排、收运行李，以及提供特殊旅客保障等。此外，当出现非正常值机、行李异常等情况，工作人员也应妥善地予以处理。

::::: 学习目标 :::::::::::::::::

　　↗ 掌握办理值机手续的流程
　　↗ 掌握行李托运及行李异常的处理方法
　　↗ 掌握非正常值机情况的处理程序
　　↗ 掌握要客及其他特殊旅客值机服务

::::: 素质目标 :::::::::::::::::

　　↗ 培养爱岗敬业、尊老爱幼的品质，增强服务意识
　　↗ 提升忠诚担当的政治品格，树立团结协作的工作作风，培养灵活应变的能力

任务一　掌握值机服务的相关知识

知识目标

★ 掌握值机柜台办理手续的时间规定
★ 掌握旅客乘机的有效证件
★ 掌握安排座位应遵循的一般规则
★ 掌握值机工作流程及要点

技能目标

★ 能够完成完整的值机工作，熟悉流程中各个环节
★ 熟练识别乘机有效证件，为旅客安排合适的座位

任务情景

　　家住北京的李洋先生购买了 2018 年 4 月 29 日 07:40 从北京首都机场 T3 到成都双流机场 T2 的 CA1405 次航班的机票，去成都探亲并旅游。由于这次是他第一次乘坐飞机，且行李较多，很担心能否顺利地办理值机手续。

知识讲解

　　所谓值机，就是为旅客办理各种乘机手续。在值机柜台能够为旅客办理的乘机手续包括查验客票、打印登机牌、交运与托运行李，以及对旅客运输不正常的情况进行及时处理。

一、值机服务基础知识

（一）办理乘机手续的时间规定

　　一般情况下，航空公司会根据机型来规定旅客到达机场办理乘机手续的时间。

　　（1）对于 200 个座位以上（含 200 个）的客机，要求旅客在飞机起飞前 120 min 开始办理值机手续，在飞机起飞前 30 min 停止办理值机手续。

　　（2）对于 90～200 个座位的客机，要求旅客在飞机起飞前 90 min 开始办理值机手续，飞机起飞前 20 min 停止办理值机手续。

（3）对于 90 个座位以下的客机，要求旅客在飞机起飞前 60 min 开始办理值机手续，飞机起飞前 20 min 停止办理值机手续。

在实际工作中，根据机场、航站楼和航班的不同，具体的时间规定略有差异。

（二）旅客乘机的有效证件

旅客在乘坐飞机时，应当出示有效的乘机身份证件和有效的乘机凭证。

有效的乘机身份证件包括中国大陆地区居民的居民身份证、临时居民身份证、护照，军官证、文职干部证、义务兵证、士官证、文职人员证、武警警官证、武警士兵证、海员证，香港、澳门地区居民的港澳居民来往内地通行证，台湾地区居民的台湾居民来往大陆通行证，外籍旅客的护照、外交部签发的驻华外交人员证、外国人永久居留证，以及民航局规定的其他有效的乘机身份证件。16 周岁以下中国大陆地区居民的有效乘机身份证件还包括出生医学证明、户口簿、学生证或户口所在地公安机关出具的身份证明。

（三）值机的种类

1. 柜台值机

柜台值机是国内机场主流的值机形式。旅客可持有效的乘机身份证件和有效的乘机凭证，到机场航站楼的值机柜台办理乘机手续，如图 3-1 所示。

图 3-1　柜台值机

尽忠职守

体贴入微——完全不延迟的服务

2017 年 8 月 2 日下午，准备乘坐 CA1951 航班前往北京的方女士来到温州机场候机楼尊易值机柜台办理乘机手续时，当班值机员王哲发现无法提取方女士的出行信息。王哲在仔细询问方女士购票流程，并根据其提供的一组票号进行查询后，发

现原来方女士的票并未在售票点成功出票，因而无法正常办理乘机手续。经过王哲多方联系，几番周折后，方女士的机票终于出票成功。

在替方女士办完值机手续后，王哲又发现此时 CA1951 的前序航班尚未起飞，而另一架飞往北京的 CA1957 航班仍有空余座位。凭借多年来的工作经验，王哲判断 CA1951 航班可能会出现延误，但航空公司表示虽然存在延误的可能，但目前尚未接到确认延误的通知。于是王哲第一时间将方女士的情况与同事对接，要求予以关注。

下午 3 时 55 分，CA1951 航班延误，王哲又立即致电方女士，告诉她可以签转 CA1957 航班。当方女士再次来到值机柜台时，王哲已经帮她办理完改签手续。看着满头大汗的王哲，方女士不停地道谢。

航班时有延误，但正如方女士所说的那样"机场人的真情服务绝不延误"，这为旅客的出行带来了更温暖、更贴心的服务！

资料来源：https://mp.weixin.qq.com/s/NgkhlLo4lT7Q8bjVW0JQkg

2．机场自助值机

借助机场的自助值机设备（见图 3-2），旅客可实现自助值机。旅客通过输入第二代身份证、护照、电子客票等信息，可在自助值机设备上自行选择座位；自助值机设备会给旅客打印出登机牌。若有需要托运的行李，旅客要到专设柜台完成行李交运。

图 3-2　机场自助值机设备

3．网上自助值机

旅客可登录航空公司网站，进入自助值机页面，完成身份验证和预选座位的操作（见图 3-3），并打印 A4 纸登机牌。旅客需要在飞机起飞前 1~12 小时登录网站办理值机手续。若有托运行李，旅客应于登机前在专设柜台完成行李交运，然后以自行打印的 A4 纸登机牌通过安检并登机。

图3-3　网上自助值机（以中国国际航空公司为例）

武汉机场实施"无纸化"登机流程，刷手机可登机

武汉机场的国内出港航班全面推出手机二维码快捷安检服务，省略了到值机柜台或在自助值机设备办理登机牌这一环节。旅客只需出具手机二维码和身份证，即可到安检过检，在登机口刷手机二维码即可登机。

电子登机牌是传统登机牌的无纸化表现形式，它将登机牌的内容以电子方式进行存储，其内容包括旅客的姓名、航班号、登机口和座位号等。电子登机牌一般有两种表现形式：一种是二维码图片，通过微信、手机App等将信息存储在旅客的手机中；一种是身份证，使用身份证购票并值机后，通过查验身份证便可读取旅客的客票信息。

启用"无纸化"乘机流程后，没有托运行李的旅客就不再需要排队打印纸质登机牌，既便捷又环保。

资料来源：中国民航网，

http://fuwu.caacnews.com.cn/1/5/201806/t20180627_1250387.html

二、值机服务流程及要点

值机服务流程如下：值机准备→客票查验→客舱座位安排→收运托运行李→航班结算报载。

（一）值机准备

值机人员应提前 5 min 上岗，清理台面，检查电脑、磅秤、打印设备及行李转盘等是否运转正常，确认空白登机牌是否准备充足，并核对航班信息。

（二）客票查验

客票查验主要是对旅客的客票和乘机证件的合法性、真实性和有效性进行查验。值机人员应注意核对客票上标注的起飞时间、旅客姓名、航段、座位等级、票价、订座状态、是否可签转、是否携带婴儿等信息；旅客的乘机证件也应与购票时使用的一致。

（三）客舱座位安排

值机经理贴心为顾客
排忧解难

在客票查验无误后，值机人员应为旅客安排客舱座位并打印登机牌。客舱座位的安排一般遵循以下原则。

（1）航班不满时，要兼顾机舱各区对飞机平衡的影响，尽量安排旅客平均分布。

（2）团体旅客、同行旅客、家庭旅客应尽量安排在相邻的座位上。

（3）重要旅客的座位尽量靠前排，或在允许的范围内，尽量满足其要求；如果在经停站有重要旅客，应提前通知始发站留出合适的座位，并告知机上的乘务人员。

（4）病残旅客、孕妇、无人陪伴儿童、盲人等需要特殊照顾的旅客，应安排在靠近乘务员、方便出入的座位上，不应安排在紧急出口旁边的座位上。

（5）在航班不满的情况下，应将携带不占座婴儿的旅客安排在相邻座位无人占座的座位上；如果旅客在订座时已预订了机上摇篮，应把旅客安排在可安装机上摇篮的座位上。

（6）需要拆机上座椅的担架旅客必须本着避免影响其他旅客的原则，一般应安排在客舱尾部，避免其他旅客在进出客舱时引起注意。所拆的座椅位置不能在紧急出口旁边。

（7）犯人旅客应安排在离一般旅客较远、不靠近紧急出口和不靠窗的座位，其押送人员必须安排在犯人旅客旁边的座位上。

（8）紧急出口旁边的座位要尽量安排身体健全、懂中英文字、遇到紧急情况愿意帮助别人的旅客。

（9）因超售而非自愿提供高舱位等级的旅客的座位，应与该等级的付费旅客分开；非自愿降低舱位等级的旅客应安排在降低等级后较舒适的座位上。

（四）收运托运行李

托运行李是指旅客交由承运人负责照管和运输并填开行李票的行李。如果旅客有托运行李，应该在办理值机手续时收运。值机人员在收运行李时应注意以下几个方面的问题。

（1）了解行李内有无夹带违禁品或危险品。

（2）提醒旅客易碎物品、贵重物品和锂电池禁止托运，建议随身携带。

（3）检查行李的包装、体积、重量是否符合要求，超重部分按规定收取逾重行李费。

值机人员在收运行李的过程中，应检查行李的包装是否符合要求。交运的行李必须包装完善、锁扣完好、捆扎牢固，能够在正常的操作条件下安全装卸和运输；然后将行李拴挂好行李条（见图3-4），过安全检查。

图3-4　拴挂行李条

（五）航班结算报载

在接收完一个航班的旅客后，值机人员应统计旅客数量，并与离港系统中的人数、行李件数、行李重量核对，正常航班预计起飞前 25 min 向结算部门报载。

三、值机柜台旅客接待流程

（1）打招呼。当旅客出现在线外 3 m 远左右时，值机人员应主动根据时间及旅客的性别进行问好。例如，"早上好，女士！"

（2）要证件。要求旅客出示乘机证件。该证件应与购买机票时使用的证件一致，国内航线一般是使用身份证件，国际航线一般为护照。

（3）询问旅客有关座位的要求。

（4）打印登机牌。

（5）向旅客进行安全提示。例如，贵重物品及易碎物品提醒旅客随身携带；不允许携带打火机，锂电池只能随身携带，且不得超过 160 Wh，随身携带的液体不能超过

100 mL 等。

（6）收运行李。

（7）唱交。将登机牌上的登机时间、登机口、座位号等和旅客交代清楚，并且用笔在登机牌上圈画出来。

课堂互动

结伴而行的两名旅客中，有一名旅客还未到达机场，但此时已接近停止办理值机手续的时间。若到达机场的旅客可以准确地说出未到旅客的姓名、身份证号等信息，值机人员可否为未到旅客办理值机手续？

任务实施

情景模拟——为旅客办理值机手续

实施步骤：

1. 将学生分为两组：一组扮演旅客李洋先生，另一组扮演值机人员。

2. 根据"任务情景"中提供的相关信息，完成旅客值机手续的办理。

（1）主动向李洋先生问好，并请其出示有效乘机证件。

（2）询问李洋先生有关座位的要求，并合理安排座位。

（3）打印登机牌。

（4）收运行李并对李洋先生进行安全提示，称重行李并拴挂行李条。

（5）将登机牌上的登机时间、登机口、座位号等和李洋先生交代清楚，并用笔在登机牌上圈画出来。

任务评价

请根据表3-1对上述任务实施的结果进行评价。

表 3-1　任务实施测评表

考核内容	分值	自评分	小组评分	教师评分	实得分
使用礼貌用语与旅客打招呼，并请旅客出示有效乘机证件	15				
主动询问旅客座位要求，能够合理地安排座位	25				
打印登机牌迅速、准确	10				
收运行李的同时对旅客进行安全提示，称重行李并拴挂行李条	40				
完整交还证件、登机牌，给予旅客详细说明，并在登机牌上做出相应标识	10				
总分	100				

自我检测

1. 旅客办理值机手续时有哪些时间规定？
2. 国内航班旅客经常使用的有效证件有哪些？
3. 办理值机手续时，对旅客进行安全提示的内容有什么？
4. 值机方式有哪几种？

任务二　托运行李

知 识 目 标

★ 了解行李的分类及范围
★ 掌握免责行李牌的使用
★ 熟悉声明价值行李的规定
★ 掌握免费行李额以及逾重行李费的计算

技 能 目 标

★ 能够完成行李的收运工作
★ 熟练使用免责行李牌
★ 能够进行逾重行李费及声明价值附加费的计算

任务情景

张一航先生购买了 2018 年 6 月 8 日 15:35 分从北京首都机场 T3 到新加坡樟宜国际机场 T1 的 CA969 次航班的经济舱机票，去新加坡探望定居在那里的表姐。需要托运的行李有 27.3 kg，另外还携带了 2 瓶茅台酒，张先生在乘机当天早早地来到了值机柜台办理值机手续。

知识讲解

一、行李运输的基础知识

（一）行李的分类

行李是指旅客在旅行中为了穿着、使用、旅途舒适或方便的需要而携带的物品和其他个人财物。根据运输责任的不同，行李可分为托运行李、自理行李和随身携带行李。

1. 托运行李

托运行李每件不能超过 50 kg，体积不能超过 40 cm×60 cm×100 cm，超过此规格则被称为"大件行李"，需要到大件行李柜台办理行李托运。

2. 自理行李

自理行李是经承运人同意，旅客带入客舱自行照管的行李。自理行李限重为 10 kg，体积规格为 20 cm×40 cm×55 cm，超出此规格，需要办理托运，不能带入客舱。贵重物品、易碎物品、外交信袋等特殊物品可以作为自理行李，由旅客带入客舱内。

3. 随身携带行李

随身携带行李又称手提行李，有别于自理行李，是指经承运人同意由旅客自行携带乘机的零星小件物品。每位旅客免费随身携带的行李以 5 kg 为限。其中，持头等舱机票的旅客每人可以随身携带 2 件行李，持公务舱或者经济舱机票的旅客每人可携带 1 件随身行李，每件体积不超过 20 cm×40 cm×55 cm。

（二）免费行李额及逾重行李费的计算

机票价格中含有一部分运输行李的费用，也就是旅客在乘坐飞机时可以免费携带一定重量的行李。每位旅客的免费行李额（托运行李和自理行李）根据票价的不同有所差别：头等舱旅客为 40 kg，公务舱旅客为 30 kg，经济舱旅客为 20 kg，持婴儿票的旅客不享受免费行李额。

旅客可以根据自己购买客票的舱位等级，享受规定范围内的免费行李额。但是在实际运输中，常常会出现超出免费行李额的情况。超过免费额的部分称为逾重行李，要根据相关规定缴纳逾重行李费并填开逾重行李票，如图 3-5 所示。

中国××航空公司

逾重行李票

EXCESS BAGGAGE TICKET

旅客姓名：   客票号码：
NAME FO PASSENGER   TICKET NO.

航段 SECTOR	承运人 CARRIER	航班号 FLIGHT NO.	重量 WEIGHT	费率/千克 RATE/kg	运费金额 CHARGE	声明价值 附加费 DECLARED VALUE	合计收费 TOTAL
自 至 FROM TO							
日期 DATE		经手人 ISSUED BY		盖章 SIGNATURE			

2．旅客联

2. PASSENGER COUPON

图 3-5　逾重行李票

逾重行李费的计算方法如下：

每千克行李的价格按照填开逾重行李票之日所适用的直达航班经济舱正价票的 1.5% 来计算。不足 0.5 kg 的按 0.5 kg 计算；超过 0.5 kg 又不到 1 kg 的，按照 1 kg 计算。计算出的价格最终四舍五入，精确到"元"。

例 1：王女士购买了北京到成都的 CA4118 次航班的 Y 舱客票，当日经济舱正价票是 1 800 元，她携带了 24.7 kg 的托运行李。应缴纳多少逾重行李费？

解：逾重行李费率=1 800×1.5%=27 元/kg

逾重行李重量=24.7-20=4.7≈5 kg

逾重行李运费=27×5=135 元

例 2：李先生购买了北京到纽约的 CA819 次航班的 F 舱客票，当日商务舱的正票价是 52 800 元、经济舱的正价票是 26 300 元。他携带了两件重量分别为 24.6 kg 和 23 kg 的托运行李，应缴纳多少逾重行李费（已知持有北京到纽约航班 F 舱机票的旅客，每人可免费携带 2 件托运行李，每件 23 kg）？

解：逾重行李费率=26 300×1.5%=394.5 元/kg

逾重行李重量=24.6-23=1.6≈2 kg

逾重行李运费=394.5×2=789 元

逾重行李费超过机票价，买特价票高兴不起来

随着航空旅行市场的发展，折扣票也越来越多，甚至一些旅客能"秒杀"到不足百元的机票。但一些旅客却因为托运的行李太多，而不得不额外支付比机票还贵的逾重行李费用。

免费行李额的计算分为"计重制"和"计件制"。一般来说，国内航线使用"计重制"，即每位旅客托运行李总重量不得超过 20 kg；部分国际航线使用"计件制"，即可购买多件行李额，但单件不得超过 23 kg。

无论是"计件制"还是"计重制"，超出的重量部分都需要支付逾重行李费。而不同的航线，其免费行李额的标准也不同，甚至对于行李的大小也有要求。值得注意的是，有些机票是不包含免费行李额的，需要在买票时提前购买托运行李额。因此，旅客在订票时应提前咨询清楚，以确认自己可以免费托运的行李重量及尺寸。

资料来源：北方网，http://news.enorth.com.cn/system/2015/11/18/030637940.shtml

（三）免责行李

值机部门在收运行李时，遇到下列情况需要特别注意。

（1）行李外包装不符合要求的，如以竹篮、网兜、草绳和草袋等作为行李的外包装，或包装上插附有其他物品。

（2）行李中有易碎物品的。

（3）行李中有鲜活易腐物品的。

（4）行李本身有破损的。

（5）行李超过客舱允许的尺寸或重量的。

（6）晚（迟）交运行李的。

具有以上情况的行李，值机部门可以拒绝承运或者要求旅客整改；若旅客坚持要求托运的，应拴挂"免除责任行李牌"收运。然后，在行李牌上标明相应情况，以免除相应责任，同时向旅客声明并请旅客在该行李牌上适当的位置签名。但是，对于"免除责任行李牌"上未注明情况造成的损失，承运人需要承担责任。一些航空公司将免除责任的条款印在了行李牌的背面，如图3-6所示。

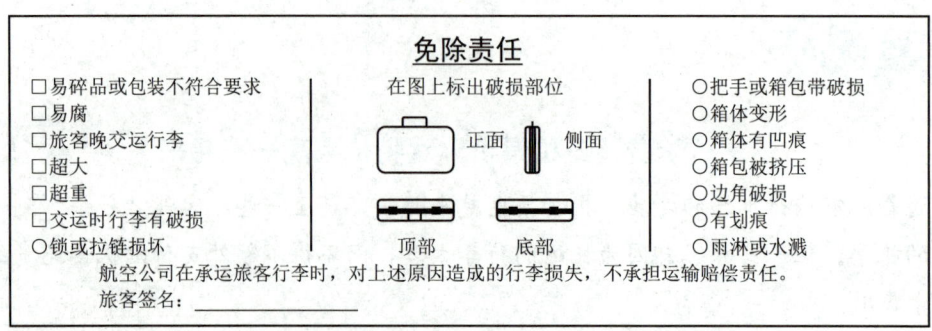

图 3-6 免除责任行李牌

（四）声明价值行李

当旅客的托运行李每千克的实际价值超过承运人规定的每千克最高赔偿限额时，旅客有权要求更高的赔偿金，但必须在托运行李时办理行李声明价值，并付清声明价值附加费。办理过声明价值的行李，如在运输过程中由于承运人的原因造成损失，承运人应按照旅客的声明价值赔偿。声明价值行李的一般规定如下。

（1）属国内运输的托运行李，每千克价值超过人民币 50 元时或属国际运输的托运行李每千克价值超过 20 美元时，可办理行李的声明价值。承运人按照旅客声明价值中超过最高赔偿限额部分价值的 0.5%收取声明价值附加费。其计算公式如下：

声明价值附加费=［旅客的声明价值−（规定每千克限额 50 元×办理声明价值行李的重量）］×0.5%

（2）每位旅客的行李声明价值最高限额为 8 000 元，托运行李的声明价值不能超过行李本身的实际价值。如承运人对旅客的声明价值有异议，而旅客拒绝接受检查，承运人有权拒绝收运。

（3）声明价值的行李计费重量单位为千克，不足 1 kg 者应进整。但实际重量应保留至小数点后 1 位。

（4）办理声明价值的行李重量不计入免费行李额，应另行收费，即办理声明价值的行李应按照逾重行李收取逾重行李费。

（5）办理声明价值的行李必须与旅客同机运出。

例：李先生搭乘飞机由厦门飞至上海，该航班的经济舱客票票价为 640 元。现其需要申报一件声明价值行李，其价值为 5 400 元，重量为 3 kg。请计算需要收取的逾重行李费和声明价值附加费是多少？

解：逾重行李费=3×640×1.5%=28.8≈29 元

声明价值附加费=（5 400−50×3）×0.5%=26.25≈27 元

共计收费=29+27=56 元

二、行李的收运

托运行李一般在旅客办理值机手续时收运。如果旅客因行李过多或其他原因需要提前交运，可以提前预约时间和地点收运。旅客的托运行李和自理行李都要过磅，托运行李的件数和重量都要填入行李牌内作为承运凭证。

收运行李时，工作人员需要注意以下一些事项。

（1）了解行李的内容是否属于托运行李的范围，是否夹带违禁物品、贵重易碎物品及其他不能作为托运行李运输的物品。对交运行李要进行安全检查，凡发现有不符合规定的物品，应及时处理，如果旅客不同意检查，则拒绝收运。

托运行李的机器人

（2）检查行李外包装是否符合要求，若不符合，应请旅客加以改善，否则不予收运；若旅客因时间限制无法改善而又坚持交运的，则根据情况决定。如果收运，必须经过旅客签字同意后，拴挂"免除责任行李牌"免除相应责任。

（3）收运行李时，要向旅客宣传办理声明价值的有关规定。

（4）行李过磅必须准确，以免影响飞机载重平衡。超过免费行李额的部分，按规定收取逾重行李费。

（5）交运行李和自理行李的件数和重量，应准确填入"出发旅客登记表"的相应位置，以便正确计算飞机载重。

（6）每件行李都必须拴挂行李牌，并将行李牌的领取联交给旅客。行李牌是旅客托运行李的凭证，其格式由各航空公司自行设计。收运行李时，必须将行李牌的领取联粘贴在登机牌上，一旦出现行李事故，行李牌是唯一有效凭证，如图3-7所示。

图3-7　行李牌及其领取联

知识角

外交信袋的运输规定

外交信袋应当由外交信使随身携带，自行照管。根据外交信使的要求，承运人也可以按照托运行李办理，但承运人只承担一般托运行李的责任。外交信使携带的外交信袋和行李，可以合并计重或计件，超过免费行李额部分，按照逾重行李的规定办理。外交信袋运输需要占用座位时，必须在订座时提出，并经承运人同意。外交信袋占用每个座位的重量限额不得超过 75 kg，每件体积和重量的限制与行李相同。占用座位的外交信袋没有免费行李额，运费按下列两种办法计算，取其高者。

（1）根据占用座位的外交信袋实际重量，按照逾重行李费率计算运费。

（2）根据占用座位的外交信袋占用的座位数，按照运输起讫地点之间与该外交信使所持客票票价级别相同的票价计算运费。

资料来源：闽南网，http://www.mnw.cn/tour/guide/1925944-2.html

 爱岗敬业　AIGANG JINGYE

做勇担使命的搬运工

庄天喜，是襄阳机场的一名装卸员，主要负责货物、行李的装卸工作。伴随着耳边飞机发动机震耳的轰鸣声，烈日下的机坪地表温度可达到近 60℃，而装卸员往返在各架飞机之间，仔细核对着每一件货物。

一天，天气异常炎热，56 岁的庄天喜冲锋在前，"我先去试试水"，说完便将防护服穿在了身上。在高温闷热的"烤"验下，庄天喜身着严丝合缝、密不透风的防护装备，护目镜被水汽遮挡，汗水把衣服浸透贴在身上别提多难受了，但他依然咬牙坚持，迈着坚定的步伐搬运着行李。在他看来，行李是不会说话的旅客，也是旅客的牵挂。

大家都劝他年纪这么大了，少接点航班，多注意身体，他总是说："我是老党员，有危险有困难我先上，年轻的、家里负担重的兄弟往后站。"

资料来源：中国民用航空网，

http://www.ccaonline.cn/baozhang/fwtop/666244.html

情景模拟——在值机过程中为旅客办理行李托运

实施步骤：

1．根据本节"任务情景"中提供的相关信息，分析旅客张一航先生的行李是否合规，需要做哪些工作才能确保其顺利乘机。

2．将学生分为两组：一组扮演旅客张一航先生，另一组扮演值机人员。

3．为张一航先生办理行李托运。

（1）向张一航先生介绍国内航班对于托运行李的规定。

（2）为张一航先生办理行李托运手续，计算并收取逾重行李费。

（3）对免责行李进行处理。

请根据表 3-2 对上述任务实施的结果进行评价。

表 3-2　任务实施测评表

考核内容	分值	自评分	小组评分	教师评分	实得分
对问题分析完整、准确，语言规范	30				
介绍行李托运规定时，规定运用准确，计算无误，语言表达清晰	30				
为旅客提供收运行李服务时，方案可行，符合规定，流程连贯流畅，服务态度良好，语言规范清晰	40				
总分	100				

自我检测

1. 什么是行李？行李可分为哪几类？

2. 自理行李与随身携带行李有什么区别？

3. 国内运输时，各舱位的免费行李额各是多少？

4. 什么情况下需要使用免责行李牌？

5. 王先生购买了从北京到海口的头等舱机票，票价是 4 500 元，该航班经济舱正票价为 2 880 元，他要托运的行李重量是 44.2 kg，应缴纳多少逾重行李费？请将计算结果填入逾重行李收费单。

旅客姓名：　　　　　　　　　　　　　　　　　旅客客票号：

航段	承运人	航班号	重量	费率	运费金额	声明价值附加费	合计
自							
至							
日期		经手人		盖章			

任务三　掌握非正常值机情况的处理

知　识　目　标

★ 了解非正常值机的各种情况和原因

★ 熟悉非正常值机情况的责任及服务

★ 区分误机、漏乘及错乘，并掌握基本服务措施

技　能　目　标

★ 能够按照规定，对不正常航班旅客进行服务

★ 能够妥善处置误机、漏乘和错乘等非正常值机情况

任务情景

2018 年 7 月某日下午 13:20，肖飞先生到首都机场 T3 航站楼的值机柜台办理乘机手续。工作人员核对后发现，肖先生所需搭乘的北京飞往银川的 CA1219 次航班已经于下午 13:05 起飞了。经了解得知，肖先生收到短信称该航班延误到下午 15:10，但是由于天气原因这趟延误的航班又取消了，所有旅客改乘 13:05 的另一航班飞往银川，由于工作人员的疏忽，漏发了给肖先生的改乘信息。机场工作人员正积极帮助肖先生妥善处理此事。

知识讲解

造成非正常值机情况的主要原因是航班不正常，旅客误机、错乘、漏乘及航班超售等。

一、不正常航班

不正常航班是指由于航路、天气、空中交通管制或者飞机机械故障等原因造成的一些航班不能按照公布的时间正常飞行的情况，包括航班延误、提前起飞、取消或改变航程等。基于航空运输安全第一的原则和航空运输的特殊性，航班不正常是不可能完全避免的。

由承运人原因造成的航班不正常，承运人有义务按规定向旅客提供餐食或住宿等服务，具体要求如下。

（1）航班延误或取消 2 h 内，承运人应及时、迅速地将航班延误或取消等信息通知旅客，并做好解释工作；承运人应根据旅客要求，按规定做好后续航班安排或退票工作。

（2）航班延误或取消 2～4 h，除尽到以上义务外，航空公司应及时向旅客提供饮料，在用餐时间及时提供餐食。

（3）航班延误或取消 4 h 以上，航空公司应安排旅客到宾馆休息和用餐。

由非承运人原因造成的航班不正常，承运人应当协助旅客安排餐食和住宿，费用由旅客自理。

航班在经停地延误或取消，无论何种原因，承运人都应该负责提供餐食和住宿等服务。此外，承运人各部门应相互配合，共同保障航班正常，避免不必要的航班延误。

航班延误惹人烦，真情服务暖人心

2020年12月22日，由广州起飞的HU7775航班因机械故障延误，不能按时到达三明机场，进而导致由三明机场出发至郑州和广州的航班双双延误，HU7776航班的起飞时间延误至次日凌晨。

当日，在三明机场乘坐航班飞往郑州、广州的旅客中有老人、婴儿及孕妇。针对航班延误情况，三明机场地勤服务部立即启动《航班延误处置预案》，积极响应民航局"真情服务"要求，做到"航班延误，服务不延误"，全力做好航班延误后的旅客后续服务保障工作。在隔离区内，地服人员在巡场过程中积极主动地为儿童和老人送上小毯子，悉心解答每位旅客的疑问，耐心安抚旅客的情绪，协助旅客做好改签、退票等业务；实时播报航班最新延误动态，并积极与航空公司沟通，及时为旅客安排延误餐饮。面对机场温暖人心的真情服务，现场旅客的情绪较为稳定，纷纷表示对航班延误能够理解。直至次日凌晨0时，所有的出港航班在三明机场员工的共同努力下终于顺利完成保障。

面对航班延误，三明机场的一线人员始终坚守岗位，用真情服务让旅客不闹心、不堵心。机场全体一线员工都知道，不是不累，而是肩上还有责任；不是不困，而是机场的形象必须要去维护。坚守在一线的工作人员他们的实际行动诠释了新时代的"青年文明号精神"，他们将继续深入一线岗位，模范带头，为旅客出行提供优质便利的服务。

资料来源：百家号，
https://baijiahao.baidu.com/s?id=1686868330361788468&wfr=spider&for=pc

二、误机、漏乘与错乘

（一）误机旅客的服务与管理

误机是指旅客未按规定时间办妥乘机手续，或因旅行证件不符合规定而未能乘机。旅客误机后，可到乘机机场或者原购票地点办理改乘航班或退票手续。

误机旅客如果要求改乘后续航班，最迟应该在该航班离站后的次日中午12点（含）以前，到当地乘机机场的承运人乘机登记处、航空公司售票处、航空公司地面代理人售票处办理误机确认。

已办理误机确认的旅客，如要求改乘后续航班，可在上述地点或原购票地点办理变更手续，承运人应在航班有可利用座位的条件下予以办理，免收误机费一次；但持有的机票如在航班规定离站时间前 72 h 以内变更过航班或出行日期，旅客应交付客票价 5%的误机费。

未办理误机确认的旅客，如果要求继续旅行，应交付客票价 20%的误机费。旅客误机变更后，如果要求再次改变航班和出行日期，应交付客票价 50%的变更手续费。旅客误机或误机变更后，如果要求退票，应按自愿退票规定办理，并交付客票价 50%的误机费。

团体旅客误机，客票作废，票款不退。

 爱岗敬业 AIGANG JINGYE

航班延误致外籍旅客误机，中转员真情服务获赞

因天气原因，原本上午就可以到达的 CA1947 航班延误至下午才到达。当日，中转员杨一薇通过离港系统获知有位外籍旅客后续转机拉萨航班无法正常衔接，便预先和国航机场售票处取得联系，但得知当日成都飞往拉萨的航班均为满客，旅客只能改签次日航班。

当该旅客到达中转柜台后，杨一薇告知旅客航班情况，并让旅客尽快前往售票柜台改签。但当她查验相关证件时发现旅客的入藏函已到期，如果当日不能成行，该旅客就无法继续后面的行程。于是，杨一薇立即告知旅客前往国航值机总台候补当日成都最后一班飞往拉萨的 CA4441 航班，并详细告知了旅客前往路线。在旅客飞奔前往值机总台的同时，杨一薇将旅客的情况告知了值机总台人员和售票人员，请他们尽力为旅客候补。当时距 CA4441 航班起飞仅有 1 个小时，留给旅客和工作人员的时间仅有 15 分钟。

当时中转柜台还有其他旅客需要保障，杨一薇虽忙碌着工作，但心中却一直记挂着这位外籍旅客。当杨一薇忙完后再次联系售票处和值机总台时，均被告知该旅客未出现。眼看距离 CA4441 航班关闭柜台的时间越来越近，杨一薇灵机一动，利用机场广播通知该旅客尽快到达值机总台。

终于，在机场广播的引导下，在航班即将关闭前的 3 分钟，该外籍旅客出现在值机总台，并在值机总台人员和售票人员的努力下候补成功。随后，地服部不仅安排了专人协助旅客快速通过了安检，还安排了中转电瓶车等候在安检区。旅客登机前满含感激，拉着工作人员的手，不停地用有些生硬的中文说着"谢谢"。

资料来源：民航资源网，http://news.carnoc.com/list/422/422009.html

（二）漏乘旅客的服务与管理

漏乘是指旅客在航班始发站办妥乘机手续后，或者在经停站过站时，由于各种原因没有搭乘上指定的航班。

（1）由旅客原因导致的漏乘，在航班始发站，根据航空公司所适用的运输总条件、客票使用条件，按照自愿变更及自愿退票处理；在航班经停站，客票作废，票款不退。

（2）由承运人原因造成的旅客漏乘，承运人应尽早安排旅客乘坐后续航班成行。因航班取消、提前、延误，航程改变或承运人不能提供原定座位，旅客要求退票的，在始发站，应退还全部票款；在经停站，应退还未使用航段的全部票款，且均不可收取退票费。

（3）有旅客漏乘时，登机口工作人员需修改舱单，减去旅客重量。如果旅客有托运行李，还需减去其托运行李的重量，并通知行李相关部门卸除行李。

（三）错乘旅客的服务与管理

错乘是指旅客未按客票和登机牌上注明的航班搭乘飞机。旅客错乘飞机，主要是由于承运人在旅客乘机时把关不严造成的，因此承运人应该承担主要责任。承运人应安排错乘旅客搭乘最早的航班飞往旅客客票上的目的地，票款不补不退。如果错乘旅客要求退票，按非自愿退票规定办理。

课堂互动

两名同学一组，分别扮演漏乘旅客与机场工作人员，演示由于旅客原因和承运人原因造成的旅客漏乘分别该如何处理。

三、航班超售

为了满足广大旅客的出行需求，减少因部分旅客临时取消出行计划而造成的航班座位虚耗，航空公司都会允许在部分客流多、航班密度大的航线上进行适当的超售，具体超售数额由各航空公司座位控制部门掌控。无论什么原因造成的座位超售都会给旅客带来不便，所以承运人有责任采取一切可能的措施来减少旅客的损失和维护航空公司的声誉。

航班超售时，航空公司应在旅客办理乘机手续前，告知旅客航班超售情况、补偿方案及旅客可享有的权利，具体处理方案如下。

（1）如果较低等级座位超售，较高等级的客舱座位不满，可根据非自愿提高座位等级的规定，按规定等级逐级提高的顺序，免费为旅客提供高一等级的座位。

（2）如果较高等级座位超售，较低等级的客舱座位不满，则按非自愿降低座位等级的规定，为旅客提供低一等级的舱位，并退还舱位差价。

（3）如果超售不能按照改变座位等级的方法解决时，只能按以下顺序拉下旅客：① 持有利用空余座位的免费或者折扣优待票的旅客；② 本站无订座记录的旅客；③ 特种票价旅客；④ 带团的领队；⑤ 普通旅客（按旅客办理乘机手续的先后顺序）。

对超售座位而被迫拉下的旅客，应由主管领导说明情况并致歉，请求旅客协助。尽可能安排旅客改乘后续航班，并按非自愿原则为旅客安排必要的餐食和住宿。

尽忠职守

耐心沟通，圆满处理航班超售

　　虽然南昌前往深圳的 MU5261 航班的头等舱超售了 2 个座位，幸运的是经济舱还有些许空余座位。头等舱旅客如果愿意，可以"降舱"搭乘航班前往深圳。值机主任万一鸣了解到这一情况后，立即展开航班超售处理工作。万一鸣根据多年的工作经验，预料到接下来的旅客沟通工作将会比较困难，如果经济舱超售但头等舱有空座，旅客被"升舱"还是很乐意的，但要头等舱旅客"降舱"，旅客肯定不情愿。

　　离航班起飞还有 4 个小时，万一鸣早早地在柜台上等待 MU5261 头等舱旅客的到来。万一鸣耐心地和每一位头等舱旅客进行沟通，把实际情况告知旅客，但大部分旅客知道情况后或愤怒，或漠然，都拒绝了万一鸣的"降舱"请求。

　　最终，在航班起飞前一小时，头等舱旅客王女士和熊女士听完万一鸣真诚耐心的说明和请求后，愿意接受"降舱"出行，并按规定获得了每人 400 元降舱补偿及 1 800 元客票差价。万一鸣以真诚的态度和耐心细致的服务，圆满地处理了这次航班超售。

　　　　　　　　资料来源：民航资源网，http://news.carnoc.com/list/390/390421.html

情景模拟——误机旅客服务

实施步骤：

1. 将学生分为两组：一组扮演旅客肖飞先生，另一组扮演值机人员。
2. 根据"任务情景"中提供的相关信息，完成误机旅客值机手续的办理。
（1）主动向肖飞先生问好，并请其出示有效乘机证件。
（2）为肖飞先生办理误机确认手续。
（3）为肖飞先生办理客票变更手续。

请根据表 3-3 对上述任务实施的结果进行评价。

表 3-3　任务实施测评表

考核内容	分值	自评分	小组评分	教师评分	实得分
误机处理规定运用准确，语言表达清晰规范	40				
客票变更规定运用准确，语言表达清晰规范	30				
为旅客提供服务的流程连贯流畅，服务态度良好，语言清晰	30				
总分	100				

自我检测

1. 不正常航班指的是什么？造成航班不正常的原因是什么？
2. 座位超售时，非自愿改变舱位等级有何规定？
3. 错乘的处理包含哪些内容？

任务四　掌握特殊旅客的服务

知 识 目 标

★ 了解民航特殊旅客的界定
★ 熟悉特殊旅客的运输条件
★ 掌握特殊旅客的服务要点

技 能 目 标

★ 能够根据特殊旅客的特点提供相应的服务

任务情景

情景一：10 岁的小学生王浩想要利用暑假时间，搭乘飞机从北京出发到上海找爸爸，其家人因为特殊原因不能陪同，想要为王浩办理无成人陪伴儿童乘机手续。

情景二：郑显扬先生已经购买了 CA1218 航班的机票，但在乘机的前一天，他不小心把脚扭伤了，只能勉强踮着脚尖走，不能远距离、长时间地行走。到达机场后，他发现登机口太远，担心长距离行走会加重病情，因此想申请轮椅服务。

一、重要旅客

（一）重要旅客的范围

（1）非常重要的旅客简称 VVIP，主要包括各个国家元首和政府首脑。

（2）重要旅客简称 VIP，主要包括：① 省部级（含副职）以上的负责人。② 军队在职军职少将以上负责人。③ 公使、大使级外交使节。④ 由各部、委以上单位或我驻外使、领馆提出要求，按照重要旅客接待的客人。⑤ 国际组织负责人，在国际上有影响力的文学家、艺术家、科学家和新闻界人士等。

（3）工商界重要旅客简称 CIP，目前主要指各联盟的领导人及本航空公司的领导。

（二）重要旅客的服务保障要求

（1）选择头等舱柜台优先为重要旅客办理值机手续。

（2）托运重要旅客的行李时，拴挂 VIP 和装舱门标签。

（3）重要旅客可以享用要客休息室。

（4）重要旅客可使用安检贵宾通道。

（5）重要旅客应安排专人接送机。

（6）重要旅客具有优先权，如优先上下飞机、装卸行李；遇到航班延误时，优先安排食宿。

二、无成人陪伴儿童及少年

无成人陪伴儿童代码为 UM，是指年龄在 5 周岁（含 5 周岁）以上，12 周岁（含 12 周岁）以下的无成人陪伴的单独乘机的儿童。5 周岁以下的无成人陪伴儿童原则上不接受。在国际航线上，一般要求申请无成人陪伴儿童服务的儿童要年满 8 周岁。

无成人陪青少年代码为 YP，一般指年龄在 12～16 周岁的少年旅客。他们的票价区别于无成人陪儿童，为全价票，其他手续的办理与无成人陪伴儿童一样，在国际上这个年龄会放得宽一些，一般为 12～18 周岁。

无成人陪伴儿童在乘机时，送机监护人必须填写"特殊旅客乘机申请书"（见图 3-8）第一、二、三、五、六项内容。"特殊旅客乘机申请书"一式四联，这四联将在接受任务的送机员（特服人员）协助无成人陪伴儿童办理值机、与乘务人员交接，以及乘务人员与目的地接机员（特服人员）交接的过程中陆续交付相关人员，待目的地特服人员将儿童交由接机监护人手中并由对方签字后，目的地特服人员收存最后一联。

特殊旅客乘机申请书
Application form for Special Passenger

一、特殊旅客类别 CATEGORY（"方框内打对勾"）

□需要帮助 MAAS　　　　□无人陪青少年 YP、儿童 UM　　　　□残疾旅客 INVAID

□盲人旅客 BLND　　　　□聋哑旅客 DEAF　　　　□担架旅客 STCR　　　　□孕妇旅客 PREGNANT

□轮椅旅客 WCHR/S/C（□无须他人协助可行走　　□在他人协助下可行走　　□无法行走）

二、乘机旅客信息 PASSENGER INFORMATION

旅客姓名 Name	年龄 Age	性别 Sex	座位号 Seat	特殊要求 Special request	手提行李 Hand baggage	托运行李 Check-in baggage

三、航班信息 FLIGHT DETAILS

目的地 Station	日期 Date	航班号 Flight No.	飞机号 Aircraft No.

四、旅客声明 PASSENGER MANIFEST

健康状况 State of Health：

旅客（申请人）签字 Signature：　　　　　　　　　　　申请日期 Date：

五、始发站托付人信息 PERSON ENTRUSTING ON DEPARTURE

姓名 Name	与旅客关系 Relation	证件号码 ID No.	地址及电话 Address&Tel

六、到达站承接人信息 PERSON MEETING ON ARRIVAL

姓名 Name	与旅客关系 Relation	证件号码 ID No.	地址及电话 Address&Tel

七、服务人员信息 SERVICE PROVIDER INFORMATION

值机接收人 Receiver		送机人 Transporter		乘务人员 Steward		接机人 Pick up	
备注 Remark							

图 3-8　特殊旅客乘机申请书

为无成人陪伴儿童提供服务时，工作人员需要注意以下事项。

（1）核实无成人陪伴儿童在购票时是否提出特殊服务申请，只有在售票系统中申请配额后，才能为其办理值机手续。

（2）每个航班必须严格按规定控制无成人陪伴儿童的数量。

（3）检查儿童是否携带"无成人陪伴儿童文件袋"，仔细核对文件袋中有关凭证，如客票、行李票和旅行证件，确保正确无误。

（4）无成人陪伴儿童的座位安排原则如下：① 应安排在便于指定的随机服务员或者乘务员照料的适当位置；② 靠近机上厨房，最好是过道座位；③ 若有可能，与其他旅客的座位分开；④ 若座位满座，应安排与女乘客一起的座位；⑤ 不得安排在紧急出口的座位。

三、轮椅旅客

（一）轮椅旅客的分类

需要轮椅的病人或伤残旅客（见图3-9），根据其行动能力可分为以下3种。

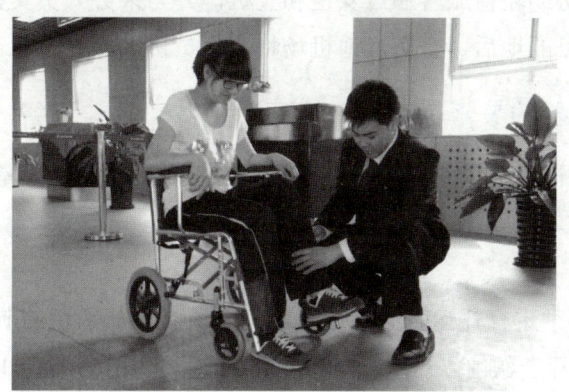

图3-9　为轮椅旅客服务

1. WCHC（C 表示客舱）

此类旅客尽管能在座位上就座，但完全不能动弹，并且前往或离开飞机和移动式休息室时需要轮椅，在上下客梯和进出客舱时需要背扶。此类旅客的服务起止于客舱座位。

2. WCHS（S 表示客梯）

此类旅客可以自己进出客舱座位，但上下客梯时需要背扶。此类旅客的服务起止于客梯。

3. WCHR（R 表示客机停机坪）

此类旅客可以自行上下客梯，也可以自己进出客舱座位；但远距离前往或离开飞机时，如穿越停机坪、站台或前往移动式休息室时需要轮椅。此类旅客的服务起止于客机停机坪。

轮椅旅客订座须知

当需要轮椅的旅客联系订座时，工作人员应详细询问旅客或其代理人有关旅客的伤残情况，以便确定旅客属于上述哪种情况。目前国内航班的飞机上，每一航班载运需要轮椅的旅客，WCHC 或 WCHS 只限两名，WCHR 则不限。

（二）轮椅旅客的服务保障要求

（1）送机人与轮椅旅客应持电子行程单、有效证件和乘机医疗许可等，于航班起飞前 2 h 到达机场。

（2）送机人或特服人员应协助旅客本人填写"特殊旅客乘机申请书"。

（3）送机人或特服人员到值机区协助旅客办理登机牌和托运行李。

（4）特服人员协助轮椅旅客通过安检和登机，并与乘务人员交接。

（5）航班到达目的地后，会有当地机场特服人员协助旅客下机。

（三）运输轮椅的要求

旅客使用轮椅的情况分为两种，一种是自带轮椅，一种是机场提供的轮椅。不同轮椅的运输要求有所不同。

1. 自带轮椅

旅客自带轮椅必须进行托运且必须通知航程中所有参加承运的航空公司。托运是免费的，而且不计入免费行李额内。旅客可以在值机柜台办理托运，也可以在登机口进行托运。如果旅客的轮椅是电动轮椅，在托运时注意以下几点：① 将轮椅的电源断开；② 正负极分别用绝缘胶带进行缠裹，避免短路；③ 粘贴向上标签，防止轮椅倒置；④ 要粘贴装舱口的标志。

2. 机场提供轮椅

旅客在特服部门申请轮椅后，特服部门会安排特服人员协助旅客办理登机手续，通过安检并且登机，待旅客登机后，收回轮椅。

课堂互动

一名旅客由其家人用轮椅送至机场，希望可以顺利地乘坐飞机。你作为机场相关工作人员，应如何为该轮椅旅客提供服务？

四、其他类型的特殊旅客

（一）孕妇

在高空中，空气中氧气成分相对减少、气压降低，而孕妇在怀孕期间，人体的免疫系统处于相对较弱的状态，抗外界干扰能力差，在乘坐飞机时由于起飞和降落时有巨大的惯性，外加因海拔高度急剧变化引起的大气压强差，更容易引起人体不适。因此，航空公司对于孕妇乘机有一定的限制条件。孕妇乘机应当经承运人同意，并事先做出安排。只有符合运输规定的孕妇，航空公司方可接受其乘机。一般情况下，航空公司对于孕妇乘机的具体规定如下。

（1）怀孕不足 8 个月（32 周）的健康孕妇，可以按一般旅客运输。

（2）怀孕超过 8 个月（32 周）以及不足 8 个月但医生诊断不适宜乘机者，承运人一般不予接受。

（3）怀孕超过 8 个月不足 9 个月（36 周）的健康孕妇有特殊情况需要乘机的，应提供"诊断证明书"（见图 3-10），其内容包括旅客姓名，年龄，怀孕时期（如果已超过 36 周以上的孕妇是短途旅行，还要注明预产期），航程和日期，是否适宜乘机，在机上是否需要提供其他特殊照料等。"诊断证明书"（一式二份）应在旅客乘机前 72 h 内填开，并经县级（含）以上的医院盖章和该院医生签字方能生效。否则承运人有权不予承运。

（4）怀孕超过 9 个月（36 周），预产期在 4 周以内，或预产期不确定但已知为多胎分娩或预计有分娩并发症者，航空公司不予接受运输。

（5）产后不足 14 天的产妇，以及足月生产的不满 14 天的新生儿，不足月生产的不满 90 天的新生儿，承运人不予承运。

诊断证明书

1. 旅客姓名＿＿＿＿＿＿＿＿＿＿＿＿　2. 年龄＿＿＿＿＿＿＿＿＿　3. 性别＿＿＿＿＿＿

4. 住址（或工作单位）＿＿＿＿＿＿＿＿＿＿＿＿＿＿＿＿　5. 电话＿＿＿＿＿＿＿＿

6. 航程：航班号＿＿＿＿＿＿＿＿＿＿＿＿日期＿＿＿月＿＿＿日自＿＿＿至＿＿＿

　　联程：航班号＿＿＿＿＿＿＿＿＿＿＿＿日期＿＿＿月＿＿＿日自＿＿＿至＿＿＿

7. 诊断结果：＿＿＿＿＿＿＿＿＿＿＿＿＿＿＿＿＿＿＿＿＿＿＿＿＿＿＿＿＿＿＿＿＿

8. 症状、程度、愈后（如系孕妇需注明预产期）＿＿＿＿＿＿＿＿＿＿＿＿＿＿＿＿＿
＿＿＿＿＿＿＿＿＿＿＿＿＿＿＿＿＿＿＿＿＿＿＿＿＿＿＿＿＿＿＿＿＿＿＿＿＿＿＿

注：（1）上述 7、8 两项内容填写，需简单、明确。

　　（2）下述表格中提供的内容供机上服务人员在飞行途中为病残旅客提供必要的服务时作为参考。

症状＼程度	无	轻度	中等	严重	备注
贫血					
呼吸困难					
疼痛					
血压					

附注：（如有膀胱、直肠障碍或在飞行中需特殊餐食及药物医疗处理情况等，请予以列明）

_____

9. 需要何种乘坐姿势（将下列适用的项目用 O 圈起）

乘坐姿势		1. 使用机上一般座椅　　2. 使用机上担架设备
陪伴人员		医生，护士、其他人员（具体列明），不需要
上下飞机时	轮椅	要，不要
	担架	要，不要
救护车		要，不要

已参阅背面的参考资料，我院诊断认为，该旅客的健康条件在医学上能够适应上述航空旅行的要求，无传染疾病，也不至造成对其他旅客的不良影响。

医师：_____　电话：_____

签字　　　　　　　　医疗单位（盖章）

年　　　月　　　日

图 3-10　诊断证明书

（二）担架旅客

担架旅客是非常特殊的一种旅客。在航站楼，人们基本上看不到担架旅客的身影，因为担架旅客运输的流程与其他特殊旅客不同。

担架旅客应提前订座，并由承运人同意后方可运输。担架旅客乘机需提供由二级甲等医院（境外含诊所、医疗中心及医院）医生填写并加盖有公章的"诊断证明书"，"诊断证明书"必须在航班计划起飞前 48 h 内出具。担架旅客的票价通常为经济舱正价票的 3～6 倍（各航空公司规定不同），可享受 120 kg 免费行李额。

担架旅客及其随机人员须携带身份证件、"诊断证明书"及"特殊旅客乘机申请书"，最迟于航班预计起飞前 120 min 到达航班始发地机场办理乘机手续。

两岸民航携手紧急运送担架旅客

旅客重病急需救治，两岸民航联手，密切配合，以最快的速度把一台湾籍担架旅客顺利送抵台湾。这次紧急运输的全过程堪称完美：从接到紧急电话，到手续办理、多方协调、病患乘机……厦门航空（以下简称"厦航"）、厦门高崎国际机场、台北松山机场等两岸民航部门、企业携手，保证整条"绿色生命通道"环环相扣，为病患救治争取了宝贵的时间。

中午十一点四十五分，厦航商务调度室接到一个紧急电话：一名台湾籍旅客由于颈椎骨折，伤情严重，急需乘机回台继续治疗，需要用担架运输。因为担架旅客乘机要拆飞机座椅，协调安检、通关等一系列特殊保障，通常需要提前 72 小时向航空公司申请，但因该旅客伤情紧急，厦航决定特别开辟绿色通道。

随后，厦航立即启动应急保障方案：客运营销委为旅客紧急出票；运行指挥部指挥前方站确保执飞 MF881 飞机按时飞抵厦门，为客舱加装医疗设备和保障后续航班正常出发争取时间，并通知地面服务保障、飞机维修、签派等相关部门做好担架安装、特殊旅客空中保障通知和准备；地面服务保障部协调机场指挥中心、机场急救中心、平台车等机场相关特殊岗位和服务车辆保障，安排地面保障人员专门沟通驻场边防、海关、检验检疫等联检单位，就出境通关、登机流程预先梳理。

与此同时，厦航台湾办事处的准备工作也紧锣密鼓地展开：工作人员联系旅客家属提前到达机场，沟通地面代理协调松山航务处、移民署、海关、卫检、机场医生、消防局等单位保障担架旅客优先通关，并积极沟通救护车进场保障事宜。

下午两点，飞机前序航班一落地，厦航飞机维修工程师马上上机，迅速拆除最后三排座椅的中间座位安装担架。机组成员也提前进场，确认担架安置情况，做好准备。下午三点，运载旅客的救护车到达机场，机场各联检单位、厦航地面服务保障部安排专人为担架旅客优先办理出境、检疫和通关、安检、乘机手续，并安排该旅客最先登机。

下午五点十九分，MF881 航班顺利起飞。飞行过程中，乘务组时刻关注旅客的情况，考虑到担架旅客行动不便，主动为他按摩手臂，以防长时间卧躺造成不适。下午六点三十三分，飞机顺利抵达台北松山机场，厦航驻台北办事处工作人员及机场救护车已提前在机坪等候。晚上七点零七分，担架旅客在工作人员的细心保障下，顺利下机并送往医院就医。

"生命至上"是厦航人一直以来的保障原则。从领受任务到保障担架旅客平安抵达，仅用了不到 7 小时，各单位多方位、全流程无缝衔接，为旅客搭建了"绿色生命通道"。

资料来源：民航资源网，https://news.carnoc.com/list/427/427563.html

（三）病残旅客

病残旅客是指身体或精神上有缺陷而无自理能力，或者行动需要他人照料的旅客。

病残旅客在申请订座时，应根据规定，出示县级以上医疗单位在起飞前96 h以内开具的允许乘机的"诊断证明书"，并填写"特殊旅客乘机申请书"。接受订座的部门应将有关特殊服务的项目通知机场值机部门。

为病残旅客办理乘机手续时，工作人员应验收"诊断证明书"和"特殊旅客乘机申请书"等有关文件，并注意观察病残旅客的身体状况，如出现病情恶化等不适宜乘机的情况，应根据实际情况，拒绝承运。

（四）盲人旅客

在航空运输中，需要特殊服务的对象包括单独出行的盲人。如果有人陪同，则可视其为一般旅客。对于单独出行的盲人，航空公司要求必须有接送机监护人员。

另外，有的盲人旅客在乘机时会携带导盲犬。各大航空公司对于携带导盲犬乘机的规定基本上大同小异。一般来说，盲人旅客携带导盲犬乘机，需要满足以下条件。

（1）携带导盲犬乘机，必须在航班起飞前72 h或48 h，在直属售票处或营业部提出订座申请，符合运输条件的导盲犬可以由盲人旅客免费携带并带入客舱运输，或单独装进货舱运输。

（2）导盲犬陪伴主人进入客舱，需要提供有效的动物免疫证、动物检疫合格证、运载工具消毒证明、动物训练合格证明书以及动物的身份证或工作证等书面证件。

（3）航空公司对于导盲犬登机的数量有严格限制，每一航班的客舱内只能装运 1 只导盲犬。

（4）在飞行的过程中，除可给导盲犬少量饮水外，禁止喂食。

（5）带进客舱的导盲犬，应在登机前为其系上牵引绳索，并不得占用座位和让其任意跑动。

（6）携带导盲犬乘机时，只能购买经济舱机票。

辉煌中国

大兴机场首创无障碍出行八大系统

北京建筑设计研究院在大兴机场首次将残障人士按照行动不便、视觉障碍和听觉障碍分为三类群体，创新性地将无障碍设施分解为无障碍停车系统、通道系统、公共交通运输系统、专用检查通道系统、服务设施系统、登机桥系统、标识信息系统、人工服务系统八大系统，配备了车道边无障碍停车位、车道边与人行道连接坡道、召援电话、盲道、低位综合问询柜台、候机区无障碍座椅、爱心座椅、低位值机柜台及无高差行李称重系统、低位安检验证柜台、轮椅通道、多功能无障碍卫生间、低位饮水处、坡道及双层扶手、无障碍电梯、标识引导系统、远机位专用无障碍登机设施等无障碍设施。

中国残联表示，中国残联会同国家民航局组织专业无障碍设计团队和专家团队为大兴机场打造了世界一流的无障碍通用设计样板。无障碍环境建设是大兴机场"精品工程、样板工程"及"四型（平安、绿色、智慧、人文）机场"的重要组成部分，是展示新机场现代化建设水平和人文关怀的重要体观。一系列的无障碍通用设计等理念意识、创新亮点、精雕细节、用心暖心的设计样板值得向全国公共行业推广应用。

大兴机场无障碍八大系统树立了机场建设的标杆，并入选全国首次无障碍设施设计十大精品案例，体现了业界对机场无障碍建设的充分肯定。

资料来源：中国民航网，
http://fuwu.caacnews.com.cn/1/1/201910/t20191014_1283032.html

任务实施

情景模拟一——为无成人陪伴儿童提供服务

实施步骤：

1. 将学生分为 5 人一组：分别扮演值机人员、儿童王浩、王浩家人、出发站的特服人员及乘务人员。

2. 根据"任务情景"中提供的相关信息，完成旅客值机与登机手续的办理。

（1）特服人员协助王浩家人填写"特殊旅客乘机申请书"。

（2）值机人员查验儿童王浩的相关证件，并办理值机手续。

（3）特服人员核实接送人员的信息。

（4）特服人员协助儿童王浩通过安检并登机，然后与乘务人员交接。

情景模拟二——为轮椅旅客提供服务

实施步骤：

1. 将学生分为 2 人一组：分别扮演旅客郑先生和出发站的特服人员。

2. 根据"任务情景"中提供的相关信息，完成旅客值机手续的办理。

（1）特服人员协助旅客郑先生填写"特殊旅客乘机申请书"，同时询问伤残情况，确定应该将其送到什么位置（登机口、舱门或座位上）。

（2）特服人员协助旅客郑先生办理值机手续。

（3）特服人员带领旅客郑先生进行安检。

（4）特服人员协助旅客郑先生登机，并收回轮椅。

任务评价

请根据表 3-4 对情景模拟一的实施情况进行评价。

表 3-4 任务实施监测表

考核内容	分值	自评分	小组评分	教师评分	实得分
特服人员协助儿童家人填写"特殊旅客乘机申请书"	20				
值机人员查验无人陪伴儿童的相关证件，并办理值机	20				
特服人员核实接送人员的信息	20				
特服人员协助儿童通过安检并登机	20				
特服人员与乘务人员交接，说明无人陪伴儿童的情况，接机人情况等	20				
总分	100				

请根据表 3-5 对情景模拟二的实施情况进行评价。

表 3-5 任务实施监测表

考核内容	分值	自评分	小组评分	教师评分	实得分
以得体的语言询问轮椅旅客的伤残情况	20				
协助旅客填写"特殊旅客乘机申请书"	20				
协助轮椅旅客办理值机手续	20				
协助旅客通过安检	20				
帮助旅客顺利登机，并收回轮椅	20				
总分	100				

自我检测

1. 对 VIP 旅客的接待有哪些规定？
2. 什么样的旅客属于特殊旅客？
3. 什么是无成人陪伴儿童？
4. 航空公司对孕妇的乘机条件有何规定？
5. 请写出以下代码的含义。

WCHC ＿＿＿＿＿＿＿＿ 　　WCHS ＿＿＿＿＿＿＿＿ 　　WCHR ＿＿＿＿＿＿＿＿

任务五　掌握行李异常旅客的服务

 **知 识 目 标**

★ 了解行李异常的情况
★ 掌握多收、少收行李的处理
★ 掌握污损、破损行李的处理
★ 掌握遗失、无人认领行李的处理
★ 熟悉行李运输的责任与赔偿

 技 能 目 标

★ 熟练分辨行李异常的情况
★ 能够熟练处理各种行李异常情况
★ 能够顺利完成行李赔偿处理

 **任务情景**

　　苏青女士乘坐北京到上海的 CA1231 次航班到达虹桥机场后，在行李提取大厅却找不到自己的行李，随后来到行李查询柜台要求解决。工作人员经过查询，发现此次航班的确有一件无人领取的行李，但不是苏青女士的。苏青女士经过 20 多天的等待，最终得到航空公司通知其行李丢失。苏女士决定向航空公司讨要说法。

知识讲解

　　所谓行李异常，是指行李在运输过程中发生不正常的情况，如少收行李、多收行李、行李污损、行李内物被盗或丢失等，造成行李不能在行李牌或客票上约定的时间和地点，及时、完好地交付给旅客。

一、少收行李

　　少收行李是指未能按照预先约定的时间、地点交付给旅客的行李，或下落不明尚待查找的托运行李。

　　少收行李主要分为到达少收行李、出发少收行李及代查少收行李。到达少收行李是指未能与旅客同机到达、下落不明且尚待查找的行李。出发少收行李指从本站出发到某一目的地的未能与旅客同机到达、下落不明且尚待查找的行李。代查少收行李是指承运人委托查询的，未能与其旅客同机到达、下落不明且尚待查找的行李。通常所说的少收行李是指到达少收行李。

　　造成少收行李的原因主要有以下几种：① 旅客错领、冒领；② 始发站错运；③ 始发站漏运或者超载被拉下；④ 本站货运漏卸，或者将行李当成货物误卸至货运仓库；⑤ 经停站错卸。

（一）到达少收行李的处理

　　在航班到达之前，行李查询部门的工作人员须先检查有关即将到达航班的不正常行李运输电报，以便旅客前来问询时能做准确答复。在航班到达后，若有旅客报告行李未到达，且经查实确无相关电报提供有关信息，则按如下步骤进行处理。

　　（1）了解旅客信息，包括查验旅客机票、登机牌和行李提取联的目的地是否相符；向旅客了解少收行李的形状、颜色和材料等特征。

　　（2）根据上述信息进行查找，依次查看行李传送带周围有无遗留行李，行李拖车是否遗漏、飞机货舱是否漏卸、货运仓库是否错卸，查看本站的多收行李记录和电报，询问本站的其他航空公司的查询部门有无此行李。如未找到，请旅客到行李查询室等候查询结果，并在"国内进港航班少收行李登记表"（参见表3-6）上记录。

表 3-6 国内进港航班少收行李登记表

编号	日期	姓名	航班号	类型颜色	行李牌编号	联系电话	处理情况	填表人	是否结案

（3）填写"行李运输事故记录"（见图 3-11）。"行李运输事故记录"一式两份，一份交由旅客收执，凭此领取行李或办理赔偿；另一份交由填制的查询部门留存。同时，收回旅客的行李提取联附在存档的"行李运输事故记录"存查联上。然后请旅客填写"丢失行李调查表"（见图 3-12），将"丢失行李调查表"与"行李运输事故记录"一并存档。

（4）按规定和标准赔付旅客临时生活用品补偿费。该赔付应满足下列条件：① 行李当日未能交付给旅客；② 目的地不是旅客永久或长期居住地。临时生活补偿费的补偿标准可根据当地的生活水平确定。工作人员应填写"临时生活用品付款单"（见图 3-13），并计算好最后的行李赔偿金额。

（5）拍发少收行李查询电报。在 2 h 以内拍发第一次电报，向始发站、经停站和航班的后续航站拍发；在 24 h 内拍发第二次电报；在 72 h 内拍发第三次电报；在 21 天内拍发最后的查询电报。

（6）对旅客进行理赔。理赔时，旅客需要填写"行李运输事故记录""丢失行李调查表""旅客行李索赔单"（见图 3-14）以及"行李赔偿费收据"（见图 3-15）。同时，需要行李牌提取联、机票复印件、证件复印件、逾重行李票旅客联（或复印件）、查询行李的全部来往电报和信函以及登机牌等凭证。

（7）定期通知旅客行李的查找情况。第一次通知在第一次查询后的 24 h 内；第二次通知在第二次查询后的 24 h 内；第三次通知在第三次查询后至确定行李丢失期间，但不迟于第三次查询后的 72 h。

行 李 运 输 事 故 记 录

PROPERTY IRREGULARITY REPORT (PIR)

| A|H|L | D|M|G | P|/|L|O|S|T VIII | | | 飞机号: | |

		Airport机场Carrier承运人Reference number编号	Reference No 查询编号	For inquiries please phone 查询电话

FR 编号 File Ref No

	Reference No 查询编号	
中文名字	(国内行查) 010-64540556 / 010-64599246
	(国际行查)

NM 旅客姓氏 Passenger Surname — 1

IT 旅客名字缩写 Passenger-Initials — 2

TN 行李牌号码 Baggage Tag No — 3

TC 类型和颜色 Type & Colour — 4

RT 需查询地点和/或航程 — 5

FD 航班/日期 Flight No/Date — 6

BI 商标外部特征 Brand Name of Bag Distinctive Outside Identification — 7 / 7

CN 行李内容 Contents — 8 / 8

FI 运送指示附注 Forwarding — 9 F W D T A G / D E S T L / S

DAMAGED INFORMATION

Please indicate damage on these drawings

Side 1   Side 2   end 1   end 2   top / bottom

Type of damage
Minor ○
Major ○
Complete ○

行李类型和颜色 Bagg .type and colour	质地 Material	商标 Brand name	购买日期 Date of purchase	价值 Purchase value	现在价值 Present value

附注REMARKS

Class of travel
F ☐ C ☐ Y ☐

客票号码Ticket form and serial No.	发生事故的行李件数/重量 pc(s)& Wt. of missing/damaged bag	客票上行李总件数及重量 Total Pc(s)and Wt. of checked Baggage as per ticket

合并交运行李的人数 Pooled passenger No.	逾重行李票号码: Excess baggage ticket No.	逾重重量: Excess Weight:	保险单号码 Insurance policy No.

旅客永久住址及电话号码 Passenger's Permanent address and phone No.	旅客临时住址及电话号码 Passenger's Temmporary address and phone No. 直至 UNTIL	是否已赔偿 Compensation yes./No.

日期 Date 航站 Station	经手人签字 Agent Signature	旅客签字Passenger's signature

本记录不涉及对任何责任确认 This report does not involve any acknowledgement of liability	本记录自填开之日起180天内有效，另行李丢失21天后可申请索赔。 This record valid within 180 days after agent's signature.

图 3-11　行李运输事故记录

丢失行李调查表
Missing Property Questionnaire　　　　　　　DF-253

查询编号　File Reference Number:		行李丢失 Missing Baggage□	内物丢失 Missing Item□

尊敬的旅客：	Dear Passenger,
中国国际航空公司对您的行李未能与您同机抵达而给您带来的不便深感歉意。如果您在报失后72 小时内仍未收到丢失行李，请您将此表列明的各项内容填妥，并尽早邮寄或传真至我处。由于此资料会有助于进一步查找您的丢失行李，请您尽量列明行李内物细节（含丢失物品数量、名称、购买日期及购买价值），以便查找。如果您丢失若干件行李，请分别填写每件行李的内装物品明细。非常感谢您的配合。	Please accept our sincere apologics for the baggage delay on your arrival and for any inconvenience caused. If your missing personal property can not be located within 72 hours, please complete this form, including the inventorylist as detailed as possible and send it back to us through mail or fax. This form will be used for baggage tracing, please list details of contents (includes quantity, title, purchasing date and value). In case of multiple missing, we would like you to complete one separate list for each baggage. Thank you for your cooperation.

姓氏/ Surname		名字/ First name	
联系地址/ Contact Address			
联系电话/ Contact Phone		国家/ Country	
电子邮件地址/ Email Address		传真/ Fax	
会员卡号码/ Membership No.		职业/ Occupation	

航空公司（Airline）	航班/日期（Flight / date）	起飞机场（From）	到达机场（To）

托运行李总数（件/千克）Total No.of Baggage Check-in (piece / kilo)	已取行李总数（件/千克）Total No.of Baggage Received (piece / kilo)	丢失行李总数（件/千克）Total No.of Baggage Missing (piece / kilo)	您最后在何时、何地见到您的行李？/ When and where did you see your baggage last?

是否已付行李逾重费用？/ Have you paid any excess baggage charges?　　　　　　是 Yes □　否 No □

是否已付声明价值附加费？/ Have you paid any excess value declaration charges?
　　　　　　　　　　　　　　　　　　　　　　　　　是 Yes □　否 No □

请附收据/ Please enclose receipt

行李上的特殊标记或姓名地址/ Special markings or name and address label on bag

行李是否在途中重新交运或更换行李牌？/ Was baggage rechecked and new tag issued?
　　　　　　　　　　　　　　　　　　　　　　　是 Yes □　否 No □

如果是，在哪个机场？/ If yes, at which airport? _____

您是否有向其他航空公司报失？/ Was loss already reported to other airline 是 Yes □ 否 No □ 如果是，在哪家航空公司？/ If yes, at which airline? _____				
丢失行李的类型/ Type of missing baggage 质地/Material _____ 品牌/ Brand _____ 颜色/ Colour _____				
如果您在到达目的站机场时未能及时申报行李丢失，请列明原因。/ If you did not report the loss at once on arrival, please state reason.				
您以何种方式申报行李丢失？/ Was report made? 亲身前往/ In person □ 电话/ By phone □				

请详细列出行李内的物品。每件丢失行李填写一张清单。
Full details of contents of missing baggage. Please use separate sheet for each bag.

请用正楷填写/ Please print in capital letters

数量 Quantity	物品 Article	牌子名称、颜色、质地及其他描述 Brand, Colour, Material etc.	购买日期 Purchase Date	购买金额 Purchase Price

您以前是否丢失过行李？/ Have you had any previous baggage losses? 是 Yes□ 否 No□	总金额 Total Value	货币单位 Currency	
本人声明证实上列提供之详情完全属实。 I affirm that the above particulares are completely true.	签名/ Signature		日期/ Date

图 3-12   丢失行李调查表

临时生活用品付款单

赔偿编号   行李事故编号

Compensation NO. _____   REF NO. _____

兹有本人在乘坐中国求实航空公司航班旅行时未收到我的交运行李，愿意接受中国求实航空公司支付的如下金额用以购买临时生活必需品。我理解并同意将来如找不到我的行李，以下金额将计算入中国求实航空公司对我的赔偿款项内。

I, the undersigened, received from China Qiushi Airlines.the following sum _____. This payment is for the puchase of tempprary necessary personal item dne to the non-delivery of my checked baggage during the course of my travel on China Qiushi Airlines flight. It is understood and agreed that above payment will be applied and credited to any future adjustment made to me by China Qiushi Airlines, in the event that my baggage i not located.

旅客姓名　　　　　　　　　　　　　　　　客票号
Passenger' name _____　　Ticket No. _____

地址
Address _____

航班/日期
Flight / date _____

行李牌号
Tag No. _____

金额
The sum of _____

旅客签字
Passenger' signature _____

经手人　　　　　　　　　　批准人签字
Prepared by _____　　Approved by _____

图 3-13　临时生活用品付款单

国内航班旅客行李索赔单
CLAIM FORM OF DAMAGE OR LOSS OF PASSENGER BAGGAGE

旅客姓名 Passenger's name						
地址 Address						
工作单位 Profession / service						
客票、行李牌 Ticket and Tag No.						
航班号 Flight No.	月 Month	日 Date	航班号 Flight No.	月 Month	日 Date	

发生事故的日期和地点 Date and place of occurrence		
损失或遗失的主要情况 Datails of damage or loss		
件数 No.of pieces	重量 Weight	声明价值 Declared Value
行李内容 List of Contents		
索赔金额 Amount Claimed		
索赔人签字或盖章 Signature of Claimant	日期 Date	地点 Place

图 3-14 国内航班旅客行李索赔单

行李赔偿费收据

RECEIPT FOR COMPENSATION

赔偿编号   行李事故编号

Compensation No. _____   REF No. _____

旅客姓名   日期

Paseenger _____   Date _____

航程：   航班号：

Routing _____   Flight No. _____

客票号：   行李牌号：

TKT No. _____   TAG No. _____

赔偿原因（Type of the compensation）：_____

_____

事故主要情况（Detail of the accident）：_____

_____

赔偿金额（The sum of）：_____

解除责任声明：

兹收到中国求实航空公司_____所支付的上述赔偿款项，对该行李的损失，今后不再向中国求实航空公司或与其相关的承运人或代理人提出任何索赔要求。

RELEASE:

I, the undersigned, received from China Qiushi Airlines_____ the above sum. In consideration of this payment, I hereby release and discharge China Qiushi Airlines, its connecting carriers, agents and other from any all claims or demands which I now haver or may hereafter have.

经手人：

Prepared by: _____　　　　　　　　旅客签字

批准人 _____　　　　　　　　　　Ignature of passenger: _____

签字日期

Date signed: _____

图 3-15　行李赔偿费收据

（二）出发少收行李的处理

出发少收行李的处理如下。

（1）本站查找。核查本站的多收记录及电报。如行李特征相符，将行李速运至少收电报指示的航站。核对外站发来的多收电报，如发现线索则发报通知或直接通知多收站。

（2）电话或电报回复。若未查到行李，应拍发回无电报或确已装机电报。

（3）泛查。向该航班起飞时间前后 2 h 内本站始发航班所到达的机场（航空公司或代理人）行李查询部门拍发泛查报。

（4）建档。将有关查询电报存档备查，将有关信息记录在"国内出港航班外站少收行李登记表"上，如表 3-7 所示。

表 3-7　国内出港航班外站少收行李登记表

编号	日期	航班号	类型颜色	行李牌编号	原因	处理情况	填表人	是否结案

（5）结案。如果行李已找到，对方站发来结案电报，应在记录本上记录结案情况，并将档案归档备查。

（6）回本站查找。如果旅客提出回本站查找，应给予受理。根据旅客在到达站填写的"行李运输事故记录"及相关电报继续查找。若受理赔偿，必须取得到达站的授权电报、信函、赔偿意见和原始档案，确认到达站未做赔偿。

爱岗敬业 AIGANG JINGYE

错拿行李终寻回，热心帮扶显真情

2021年10月30日下午，海口美兰机场组织员工开展涉疫区旅客增量核酸检测压力测试，为备战冬春航班换季做准备。正在保障压力测试的航站区管理部志愿者徐杰、杨秀琳突然接到通知，有三位老人的行李和另一组旅客的行李互相错拿，需要协助找回，同时还接到通知，其中一位老人行动不便，需要注意照看。

徐杰、杨秀琳交接了手中的任务后，马上开始帮助三位老人寻找错拿的行李。考虑到老人刚下飞机，时间又临近晚餐，他们首先问询老人是否吃过晚餐、是否想要喝水，优先缓解老人身体上的不适。然后，徐杰带其中一位老人前往到达区域，通过与安检人员、公安人员沟通来了解另一组旅客的行动轨迹，以便找寻行李；杨秀琳则主动与另一位老人进行攀谈。这位老人已经80岁了，但其思路清晰，认真分析了他们三人的途经路线与可能错拿行李的区域，这让杨秀琳进一步了解了事情发展的经过。

5分钟后，前去寻找行李的老人与徐杰返回，他们依旧不清楚错拿行李的另一组旅客的所在区域。杨秀琳一边想着刚才与这位80岁老人的对话，一边安抚好行动不便的随行老人，随后独自前往公安办事处。经过多次沟通后，杨秀琳确定了错拿行李的旅客轨迹。根据所获得的旅客轨迹信息，杨秀琳赶忙前去寻找，却发现错拿行李的另一组旅客已不在原地。杨秀琳十分焦急，担心旅客已自行离开，但经她多方联系，终于确认了另一组旅客的位置，并带着身边的三位老人成功找回丢失的黑色大包。

冬日天虽寒，真情暖人间。未来，美兰机场将持续践行真情服务理念，继续做好旅客服务及出行保障工作，给旅客带来温暖贴心顺畅的出行服务。

资料来源：澎湃网，https://m.thepaper.cn/baijiahao_15153548

二、多收行李

多收行李是指航班到达后，行李交付工作已经完毕，仍旧无人认领的行李，或在出发站发现的，因行李牌脱落、旅客迟到等原因而无法与旅客同机运出的行李。

（一）多收行李的分类

多收行李主要分为错运行李、无行李牌行李、无人认领行李及迟运行李。错运行李是指行李上挂外站行李牌而错运至本站的行李。无行李牌行李是指行李交付工作已经完毕，仍无人认领而且行李上没有行李牌的行李。无人认领行李是指挂有到本站的行李牌，行李交付工作已经完毕，仍旧无人认领的行李。迟运行李是指本次航班本应载运而由于种种原因（漏装、行李牌脱落及晚交运等）未能载运的行李。

（二）多收行李的处理

依据多收行李分类的不同，其相应的处理如下。

1. 错运行李的处理

（1）记录。在"国内进港航班多收行李登记表"（见表3-8）中进行编号和登记。

表3-8　国内进港航班多收行李登记表

编号	日期	始发站	航班号	类型颜色	行李牌号码	入库人	处理情况	填表人	是否结案

（2）速运并拍发电报。立即按行李牌所示到达站，填写并拴挂速运行李牌，保留原行李牌以便核对，然后选择合理的运输路线，安排相应的最早航班将行李运出。同时，工作人员应给对方站的行李查询部门拍发运送电报，注明是错运行李。

（3）如果本站没有至目的地的航班，且无法中转，可将行李退回原发运站或错运至本站的中转站。

（4）若当天没有航班转运该行李，应将该行李放进仓库，贴好封条并拴挂多收行李牌，妥善保管，且向始发站的行李查询部门拍发多收行李电报。

2. 无行李牌行李和无人认领行李的处理

（1）记录。在"国内进港航班多收行李登记表"中进行编号和登记。

（2）查看行李上的旅客姓名、地址标签或其他能识别旅客姓名、地址的标志和行李的类型、颜色等，核对其他站发来的少收电报或到本站的旅客名单报，找出线索，设法与旅客本人或有关人员联系。

（3）若以上操作仍无线索，应在4 h内，向始发、中途或经停航站的行李查询部门拍发多收行李报。

（4）将行李存放在行李仓库内，贴好封条，并拴挂多收行李卡入库保存。

（5）若多收行李在航班到达72 h内仍没有找到失主，知道该行李始发站的，则将行李退回；否则，可经值班领导同意并按规定流程，打开行李清点内物（至少2人在场），以便找到新的线索，并向有关航站拍发多收电报，详细注明行李的特征及内容。

（6）找到失主后，应立即通知失主前来领取，如查明失主在外地，按速运方法运往

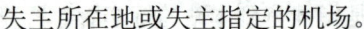

失主所在地或失主指定的机场。

（7）自行李到达之日起，超过 90 天仍无人认领的，则可按无法交付的行李的有关规定处理。

3．迟运行李的处理

（1）在"国内出港航班迟交行李登记表"（见表 3-9）中做好迟运行李记录。

表 3-9　国内出港航班迟交行李登记表

编号	日期	姓名	航班号	类型颜色	行李牌编号	联系电话	处理情况	填表人	是否结案

（2）安排最早的后续航班运出，运出时，应填写和拴挂速运行李牌，并向有关机场的行李查询部门拍发运送电报，以便能够在航班到达时及时通知旅客，避免不必要的查询。

（3）代理其他承运人处理迟运行李时，应通知该承运人驻本站代表。

三、污损、破损行李

行李破损是航空运输中经常会遇到的问题。由于航空运输的特殊性，以及在行李装卸过程中的不当操作，都可能对旅客的行李造成一定程度的损坏。污损、破损行李是指在行李运输的过程中，旅客托运的行李外部受到损伤、破坏或污染，从而使得行李的外包装或内装物价值遭受损失。

发生行李污损或破损，应立即查明原因、明确责任。承运人不承担责任的正常运输损耗包括行李箱表面的正常轻微磨损和玷污、行李包牵引带的遗失、重量超常或内置物品超出置物极限等。如遇上述现象，应耐心向旅客解释；若行李的破损超过此类范围，承运人应根据具体情况负责赔偿。

（一）破损行李的处理

（1）旅客在提取行李时声明行李损坏，工作人员应先检查旅客登机牌和行李牌，确认旅客的托运行李是否属于本次航班。然后查看行李上是否拴挂"免除责任行李牌"，并请旅客出示领取行李凭证，查看行李牌上是否注明"行李托运前已破损"或"包装不符合规定"字样。

（2）同旅客一起检查行李外包装的损坏情况，查看是否有人为的打开迹象，破损痕迹的新旧，以及行李本身的包装是否符合规定等，必要时，可对破损行李进行过磅，确认是否有内物丢失，并尽可能明确责任。

（3）填写"不正常行李事故记录单"。

（4）分辨情况，如属于承运人的责任，直接赔偿或进行查询后予以赔偿。若行李轻度受损，对其修复后一般不予赔偿或给予象征性赔偿；若当时无法修复，应付给旅客适当的修理费。若行李受损以致无法使用时，应向旅客提供同一形状、规格基本相似的新行李箱，也可同意旅客在限定价格内购买一个新的行李箱，在赔偿期限内凭发票报销。此外，也可一次性地付给旅客适当的赔偿费。

（5）请旅客填写"旅客行李索赔单""破损行李事故记录单""行李装卸事故签证单"和"行李赔偿费收据"。

（6）收回旅客的领取行李凭证，附在存查的档案内，并在"破损行李事故记录单"上做好记录。

（二）污损行李的处理

（1）明确责任，会同旅客一起检查并确定行李的污染是由承运人造成的还是旅客自身的原因造成的，如行李内装易碎物品、流质物品造成污染，应由旅客承担责任。因此，应仔细查验行李牌，查看是否签署相关免责条款。

（2）如果是由承运人责任造成的行李污损，则应会同旅客填写"破损行李事故记录"，并注明污染情况。"破损行李事故记录"一式两份，一份交由旅客作为索赔依据，另一份留档存查。

四、托运行李内物被盗或丢失

在航空行李的运输过程中，有时会遇到旅客收到托运行李后，发现行李外包装完好无损，但行李内物品却出现短缺的现象，造成这种情况的主要原因是行李在运输过程中被盗。若旅客托运行李内的物品被盗或丢失，可按照以下程序进行处理。

（1）旅客在提取行李时，如果没有提出异议，则视为托运行李已完好交付。若事后旅客提出行李被盗或丢失，除非旅客能够提供证明是承运人的过失导致外，承运人不承担任何责任，但应协助旅客进行查找。

（2）旅客在提取行李时，若提出行李内物品被盗或丢失，并要求承运人赔偿时，承运人应详细地询问旅客，并请旅客以书面形式提出被盗或丢失物品的价值。同时，承运人应确认丢失物品的重量（以交付行李的重量减去机票上记录的重量）。若查明物品丢失或被盗属于承运人的责任，应负责赔偿。

行李提取双向可视化

（3）若旅客在托运行李中夹带现金及贵重物品等，一旦物品或现金丢失或被盗，即使应由承运人承担责任，承运人也只按一般托运行李承担赔偿责任。

（4）若发现托运行李内的物品有短缺，应立即通知相关运输环节的领导，查看经办人名单，尽可能找到疑点。物品短缺严重的，应向公安部门报案。

（5）工作人员应会同旅客填写一式两份的"行李运输事故记录单"，一份交由旅客作为赔偿依据，一份留档存查。

五、逾期无人认领行李

行李的保管期限是 90 天。旅客应于行李到达当天提取行李，否则从第二天起收取保管费。行李保管期间，工作人员不得擅自开取行李。

多收的行李、旅客遗留的自理行李和随身携带行李等，超过 90 天仍无人认领或无法找到失主的，则可作为逾期无人认领行李处理。

对于逾期无人认领的行李，经领导批准，可在 3 人在场的情况下打开，进一步查找旅客信息。属于国际航线的无法交付的行李，应交由当地海关处理，并逐件列单，与海关经办人员交接手续。

军用物品应无价移交当地军事部门。违禁物品应无价移交当地公安部门。文物古董应无价移交当地文化部门。金银饰品应无价移交至银行。货币在兑换成人民币后，上交财务部门。

鲜活易腐物品应在 24 h 内处理。处理所得金额应在扣除行李保管费、处理费及关税后，将其余金额上交财务部门。若旅客在行李处理之日起 30 天内前来认领，确认无误后，可将余额退还。

课堂互动

根据本节"任务情景"中提供的相关信息，说说对于航班出现的无人领取的行李该如何处理？

六、行李赔偿

（一）行李赔偿的责任范围

（1）旅客的托运行李在承运的过程中，如发生损坏、遗失、污染、短缺或延误运输，承运人应负赔偿责任。旅客的自理行李和手提行李发生损失，除能提出证明是承运人过失所造成的外，承运人不负赔偿责任。

（2）托运行李中的任何物件毁灭、遗失、损坏或延误的，只能按该损失行李的重量在全部重量中的比例承担责任，但是因托运行李的部分或者托运行李中的任何物件的毁灭、遗失、损坏或者延误，影响同一份行李票所列其他物品的价值的，则在确定承运人的赔偿责任限额时，应将该份行李票内所列行李的总重量考虑在内。

（3）承运人作为其他承运人的代理人，对其他承运人航班运输的行李所发生的损失，不承担赔偿责任，但在获得该承运人的授权情况下，可代为受理旅客的赔偿要求，并将此要求转给有关承运人或责任站点。

（4）对于逾重行李的逾重部分，如未交付逾重行李费，对该部分承运人可不负担赔偿责任。

（5）拴挂"免除责任行李牌"的行李，按牌上画钩符号所标示的项目，免除相应的运输责任。

（6）由于下列情况造成托运行李的损失，承运人不负赔偿责任：① 自然灾害或其他无法控制的原因。② 由于遵守中华人民共和国货物运输过程中有关国家的法律、政府规章、命令及货物旅行条件的规定，或由于旅客没有遵守这些规定的。③ 由于行李本身的性质、缺陷或内部物品造成的变质、减量、破损或毁灭。

（7）由于旅客内装物品造成该旅客伤害或其他行李损害，承运人不承担责任。由于旅客行李内装物品对他人造成伤害，或对他人物品或承运人财产造成损害，旅客应当赔偿承运人的所有损失和由此支付的一切费用。

（二）旅客提出赔偿的时限

（1）对于行李损坏，应当在交付行李时，立即向承运人提出索赔要求，最迟不得超过从收到行李之日起 7 天内提出。

（2）对于行李的遗失和延误，最迟不得超过从行李应当交付给旅客之日起 21 天内提出。

（3）关于赔偿责任的诉讼时效为 2 年，应从飞机到达目的地之日起，或从飞机应当到达之日起，或从运输停止之日起计算，否则就丧失所有损失的诉讼权。

（三）行李赔偿限额

（1）旅客的托运行李全部或部分损坏遗失，赔偿金额为每千克不超过人民币 100 元，如行李的价值为每千克低于 100 元，按实际价值赔偿。

（2）旅客丢失行李的重量，按实际托运行李的重量计算，无法确定重量时，最多只能按该旅客享受的免费行李额赔偿。

（3）行李损坏时按照行李降低的价值赔偿或负担修理费用。

（4）由于发生在上、下飞机期间，或飞机上的事件造成旅客的自理行李或随身携带物品灭失，承运人承担的最高赔偿限额为每位旅客不超过人民币 3 000 元。

（5）行李赔偿时已收取的逾重行李费应予退还，旅客如已办理了行李声明价值，应按声明的价值赔偿，声明价值附加费不退。

（6）确定旅客的托运行李已丢失需要赔偿时，临时生活用品补偿费应在赔偿金内扣除。已接受赔偿的旅客的丢失行李找到后，承运人应迅速通知旅客将自己的行李领回，并退回全部赔款，临时生活用品补偿费不退，发现旅客有明显欺诈行为的，承运人有权追回全部赔款。

（7）构成国际运输的国内航段的行李赔偿，按适用的国际运输行李赔偿规定办理。

辉煌中国

行李全流程跟踪

长期以来，托运行李错运、漏运、丢失、破损现象一直是旅客出行的堵点、痛点问题。为此，民航局积极应用 RFID（无线射频识别跟踪技术）等新技术，推进实施行李从交运、安检、分拨、装卸、中转到提取的全流程跟踪，使旅客能够方便地在手机等移动终端及时获取行李信息，实现"安心出行、便利出行"。

民航局按照"一标两端"的工作思路，密集出台了一系列推进行李全流程跟踪系统建设的指导文件，明确了责任部门、时间节点和工作要求；组织编制了托运行李数据格式、接口等一系列标准；鼓励航空公司、机场根据自身实际为旅客提供个性化、特色化行李服务；编制行李公共信息平台认定办法，并按照办法确定中国航信"航易行"平台作为行业行李公共信息平台的职能，有效促进了全行业行李相关数据的交换与共享。

从行业的反馈来看，已完成机场端建设的机场行李差错率得到有效降低；航空公司、机场等通过及时获取行李位置与状态信息，大幅提高了行李运输准确率和准点率，避免因行李运输问题造成航班延误。此外，行业内还涌现了一系列针对提升托运行李信息化的创新应用，如北京首都机场集团公司针对集团旗下机场众多、类型多样的特点，制订了集团层面行李全流程跟踪平台建设方案；深圳宝安国际机场和大兴机场应用行李跟踪技术，为旅客提供了"行李到门"服务。

下一步，民航局将持续扩大行李跟踪服务的覆盖范围，在完成枢纽机场与公共信息平台全面对接的基础上，启动中小机场行李全流程跟踪服务机场端建设，以更全面的行李全流程跟踪服务进一步改善旅客航空出行体验。

资料来源：搜狐，https://www.sohu.com/a/508485134_267106

任务实施

情景模拟——为旅客查找丢失的行李

实施步骤：

1. 根据本节"任务情景"中提供的相关信息，分析旅客苏青女士的行李属于哪一种情况，需要做哪些工作查询行李的下落。

2. 将学生分为两组：一组扮演旅客苏青女士，另一组扮演工作人员。

3．为苏青女士查找丢失的行李。

（1）核对苏女士信息，确认苏女士乘坐本次航班，确认苏女士有托运行李。

（2）根据苏女士及行李信息进行查找，填写相关表格，建立档案。

（3）向相关航站行李查询部门拍发少收行李电报。

（4）逾期未找到，应根据苏女士交付托运的行李重量计算赔偿金额。

任务评价

请根据表 3-10 对上述任务实施的结果进行评价。

表 3-10　任务实施监测表

考核内容	分值	自评分	小组评分	教师评分	实得分
与旅客沟通态度诚恳，沟通流畅	10				
证件及票据查验准确、迅速，明确事故责任	20				
正确、迅速地填写相关行李事故记录，流程完整，书写规范	20				
留存相关凭证，填写表格，建立档案	20				
根据相关规定，正确、迅速地计算出应给付的行李赔偿金额	20				
与旅客沟通赔偿方案，取得旅客的认同	10				
总分	100				

任务六　掌握旅客登机服务与中转服务

知识目标

★ 熟悉常用的登机模式

★ 掌握旅客登机服务与中转服务

技能目标

★ 能够熟练为旅客提供登机服务与中转服务

任务情景

张女士是一名有视力障碍的特殊旅客，原本与朋友同行由丽江前往北京中转哈尔滨，因特殊原因迫不得已与朋友分开，只能独自乘坐另一航班由丽江前往南京中转。

知识讲解

一、旅客登机服务

（一）旅客登机服务概述

旅客开始登机的时间依据机型、航班停留或过站时间、航站保障能力等不同，一般为航班规定离港时间前 20～40 分钟。工作人员在登机环节应提前做好准备工作，巡视并提醒旅客座位所属舱位的登机顺序。

一般来说，各类旅客的登机先后顺序为头等舱、公务舱、经济舱。头等舱旅客在与公务舱或经济舱旅客同时登机时应予以优先接待。重要旅客可提前或在一般旅客登机完毕最后登机。特殊旅客登机顺序可参照特殊旅客运输的有关规定。对于头等舱休息室和贵宾室的旅客，工作人员应引导其至登机口或提醒其登机。在旅客登机过程中，工作人员应逐一核实旅客登机牌并收取登机牌副联，必要时可查验客票。

航班规定离港时间前 10 分钟内如还有少数旅客未登机，工作人员应随时查找出该旅客的姓名、托运行李件数和行李牌号，必要时应提前找出行李，以备在航班离港时间已到而旅客仍未出现时及时卸下该行李。工作人员要尽量在规定离港时间前组织旅客完成登机。

（二）常用登机模式

1. 通过登机廊桥登机

登机廊桥，又称空桥或登机桥，是机场航站楼内的一种设施，从登机门延伸至飞机舱门，是旅客由候机厅登上飞机的通道。

当飞机靠近登机廊桥时，工作人员应引导旅客登机，引导员走在第一名旅客前，引导速度以大多数旅客能跟上为宜，将旅客引导到客舱门口；工作人员复撕每位旅客的登机牌和复查登机牌上的安检章，以防止登机口漏撕或非本次航班的旅客错乘；在各廊桥转弯处、楼梯口和登机路线不明处应有工作人员负责引导。

2. 乘坐机场摆渡车通过客梯登机

摆渡车是连接机场内候机厅和远机位飞机的唯一通道。由于机场飞机数量多而机位少，飞机有时会停留在远机位，这时旅客需要通过摆渡车到达停机坪，然后通过客梯登机。

当飞机停靠在远机位停机坪时，机场最少安排两名引导人员带领旅客乘坐摆渡车至停机坪，随后引导旅客通过客梯登机。引导人员要密切注意旅客上、下摆渡车和客梯的安全。旅客登机完毕，引导人员与值机人员核对人数，再与乘务员核对总人数。引导人员在航班离港后 20 分钟方可离开工作岗位。

（三）旅客登机服务流程

1. 人工登机服务流程

人工登机服务的目的是组织出港航班旅客有序登机，确保航班登机人数准确及准点关舱门。

（1）岗前准备。送机服务人员应在航班起飞时间 45 分钟前携带手工行李条等业务用品到达航班登机口，做好航班登机前的准备工作，包括回答旅客问询、引导特殊旅客等。

（2）下达允许登机指令和检票。在相关工作准备好及客舱清洁完毕，近机位的服务员、远机位的监管员接到机组上客的通知后，通过对讲机、内调电话等方式向相关岗位发出登机指令。收到登机指令后，工作人员及时把"登机"告示牌挂在登机动态栏内并进行预备登机广播，通知旅客登机。登机口的检票工作开始后，工作人员开始检票和查验登机牌。

（3）组织登机。开始登机后，登机口服务人员每隔一定时间根据舱位顺序通知旅客登机，并安排头等舱旅客、商务舱旅客和特殊旅客优先登机。登机口服务人员应请旅客排成一纵队，并维持好登机口秩序。

（4）查找特殊情况旅客。对于有特殊情况的旅客，登机口服务人员可通过广播的方式寻找旅客。如果登机后旅客仍没有到登机口，登机口服务人员则需要查看系统，留意旅客信息，通过系统拦截找到旅客。

（5）接收行李处理信息。如遇行李无法装载、旅客决定取消行程等情况，相关工作人员应联系登机口服务人员，找出对应行李进行处理。

（6）登机保障。登机口服务人员扫描登机牌，实施登机保障。乘坐摆渡车通过客梯登机的航班无须二次查验旅客登机牌，但需与机组核对登机人数。

（7）行李装卸。装卸员确认行李信息后，对行李进行装卸。

（8）最后登机广播。登机口控制人员根据差客信息，在登机口区域实施广播查找，告知旅客最后登机时间，同时在登机口附近区域查找旅客，必要时通过旅客图像系统查实旅客外貌特征，实施各登机口联动查找。

（9）下达拉下指令。航班控制人员根据航班保障时间，做出拉下旅客的指令，对未登机或不符合登机条件的旅客进行拉下操作。

（10）打印旅客全页信息单。确认舱位无误后，登机口服务人员于航班预计起飞时间

15 分钟前打印旅客全页信息单到相应登机口，与乘务长确认舱单上的航班号、日期、飞机号、版本号、人数。

（11）旅客全页信息单交接。登机口服务人员应在航班预计起飞时间 10 分钟前与机长交接旅客全页信息单，核对舱单人数与登机结束实际人数，并与机组交接舱单后向调度员通报舱单交接情况。

（12）登机结束。登机口控制人员在确认所有旅客都已经登机结束后，与乘务长和廊桥员或客梯车司机办理关舱门、撤桥、撤客梯等事宜，并做好记录，待飞机滑行后方可离岗。

2. 自助登机服务

为提高旅客出行的便捷性和不断提升机场的服务品质，一些机场开始提供自助登机服务。自助登机服务实现了旅客持登机牌通过闸门登机的自助式登机体验。旅客只要扫描登机牌上的相关信息，或者扫描二代身份证便可自行完成通道验票，有效提升了登机效率。

（1）在航班允许登机、自助登机通道条码阅读区的指示灯显示为绿色后，旅客自助扫描登机牌上的一维或二维条码。

（2）自助登机系统确认旅客登机牌信息正确，将自动开启登机闸门，允许旅客通过。系统识别旅客离开自助登机通道区域后，自动将旅客在系统中记录为已登机旅客。

（3）自助登机系统可为持电子登机牌或者座位有更新信息的旅客自动重新打印纸质登机凭条，在确认旅客信息无误后，开启登机闸门，允许旅客通过。

二、旅客中转服务

一般情况下，中转是由客观原因造成的，如航空公司没有提供直达航班，或者旅客出发当地没有开通直达的航线，这时旅客只能选择中转。但有时因联程航班相较于直达航班价格低廉，旅客也会选择中转联程航班。

（一）准备工作

为确保中转工作的顺利开展，从事中转服务的工作人员需要认真做好相应的准备工作。

（1）查看中转旅客名单，了解转乘旅客人数。

（2）如果因该航班的延误而造成旅客转接航班的衔接时间不够，应做好各种必要的应急准备以帮助有关旅客迅速办理转机手续。

（二）旅客中转服务流程

1. 国内航班转国内航班服务流程

旅客在国内到达厅提取托运的行李后，即可在中转柜台办理联程航班的乘机手续。中转人员按照国内旅客运输规定查验旅客的机票、证件后，为旅客办理登机牌和行李托运手续，然后指引旅客前往国内出发厅。中转人员具体工作流程如下。

（1）根据外站传真或中转旅客信息查询系统，了解中转旅客的信息情况。

（2）航班到达后，引导旅客前往中转厅办理转机手续、机票再证实等服务。

（3）复核中转旅客人数、行李件数及重量。

（4）在乘机联本上登记清楚中转旅客乘机联的航段、张数。

（5）交接中转旅客的行李。

2．国内航班转国际航班服务流程

旅客到达中转站后，自行认领托运行李，在中转人员的帮助下，前往国际出发厅；经过联检（对出入境人员进行边防、海关、卫生检疫、动植物检疫联合检查）后，在国际中转柜台办理乘机手续。中转人员具体工作流程如下。

（1）根据外站传真或中转旅客信息查询系统，了解中转旅客的信息情况。

（2）引导中转旅客办理联检手续。

（3）引导旅客到国际中转柜台，为旅客办理乘机手续、机票再证实等服务。

（4）集中行李，在规定时间内运送到国际柜台，由国际中转柜台按时发放。

（5）清点国际乘机联或相关文件，在国际乘机联本上注明航程、数量。

3．国际航班转国内航班服务流程

旅客到达中转站，办妥相关的联检手续后，前往中转柜台。中转人员按照国内旅客运输规定查验旅客证件、机票后，为旅客办理登机牌和行李托运手续，然后指引旅客前往国内出发厅登机。中转人员具体工作流程如下。

（1）根据外站传真或中转旅客信息查询系统，了解中转旅客的信息情况。

（2）引导中转旅客办理联检手续。

（3）旅客出关后，引导旅客到国内中转柜台，为中转旅客办理转机手续、机票再证实服务。

（4）复核中转旅客的所有信息，包括人数、行李件数及行李重量。发现实际到达的中转旅客信息不符时，及时做出更改。转机记录上有行李，但旅客未与中转柜台联系，在旅客转接的续程航班起飞前 40 分钟将该旅客在前站接收的行李信息删除。如登机后发现缺少该旅客，按出发航班无行李旅客未登机处理。如旅客在中转站未按照规定提取行李过海关，工作人员应将该旅客的行李信息删除，将行李交行李查询部门处理。

（5）将乘机联的航段、张数在乘机联本上登记清楚。

（6）交接行李，做好交接记录并签字。

4．国际航班转国际航班服务流程

一般情况下，"国际转国际"中转旅客只持有过境签证，到达中转站后，不能随意离开边防检查站监管的过境厅，旅客的乘机手续只能由中转服务人员协助办理；符合入境要求并且需要入境的，由旅客本人自行办理入境的边防、海关及检疫检查手续，并自行认领托运行李，前往国际出发厅办理出境和联程航班乘机手续。中转人员具体工作流程如下。

（1）根据系统数据、外站传真等，预先了解转机旅客情况。

（2）航班到达后，在到达大厅处引导旅客过联检部门，并检查旅客机票。

（3）为旅客换登机牌，同时查看旅客托运行李的件数及行李牌的目的地。

（4）引导旅客办理出境或过境手续。

（5）核对完转机的行李件数和目的地后，统一与相关部门做好交接工作。

（6）复核中转旅客人数，中转行李件数、重量。

便捷中转

为便捷中转，各航空公司为中转旅客开通了各种便捷中转服务产品。通过此产品，旅客可享受快捷中转、行李免提等服务，在始发站即可办理直到目的地的登机牌、行李票，不需要在中转站再次办理后续航班乘机手续，使中转更加简单、方便。在进行中转服务时，中转人员应在航班到达前了解办理便捷中转的人员、行李信息，并进行记录，以便核对；航班到达后，中转人员接收办理便捷中转旅客的相关文件并进行核对，分拣旅客行李后直接与装卸人员交接；旅客到达中转站后，中转人员需引导旅客前往中转厅，并核对旅客人员、行李信息。

民航局印发《民航旅客中转便利化实施指南》

2021 年 2 月 10 日，为提升民航的通达性、衔接度和运行效率，全面改善中转服务品质和旅客中转出行体验，民航局印发《民航旅客中转便利化实施指南》（以下简称《指南》），在全行业推行国内旅客中转便利化服务，对旅客服务、行李服务、航班不正常处理等方面进行了详细规定。

针对旅客服务，《指南》提出，承运人、机场、航空销售代理人等各相关单位在销售中转便利化服务产品或通程航班产品时，应明确告知购票人服务内容，包括客票购买与变更、免费行李额与逾重行李收费标准等相关信息；在旅客办理值机环节告知旅客可选择的一次支付、一次值机、一次安检、行李直挂等便捷服务，如遇航班不正常，应告知旅客行程变更信息及相关保障措施；在中转环节设置指引标识，合理安排地面服务人员提供指引服务等协助；机场应尽可能简化值机、安检、行李托运等中转流程，优化机场最短中转衔接时间，结合旅客需求与机场实际，推出快线中转、隔夜中转、跨航司中转等特色服务；提升信息化、网络化、数字化水平，确保相关主体快速获取中转旅客行李及航班信息。

针对行李服务，《指南》提出，承运人、始发机场或地面服务代理人应在值机柜台告知旅客中转便利化和通程航班服务内容，包括行李直挂服务、免费行李额、逾重行李收费标准与收费方式等相关信息；直挂行李在始发机场应拴挂相关标识，装机时尽量放置在机舱指定区域；直挂行李在中转机场转运时，承运人、机场应协调相关保障部门做好托运行李转运服务；中转机场须收集通程航班托运行李影像信息，并留存至少21日。

　　针对航班不正常情况处理，《指南》提出，若双方承运人有特别约定的，按约定办理并提前告知旅客；其他情况下，应有专人负责处理相关服务事宜，按照前段或后段航班不正常明确双方责任。若托运行李运输过程中出现异常情况，有特别约定的，按约定办理并提前告知旅客；其他情况下，目的地机场出现行李不正常时，服务提供方应及时通知旅客，按照规章及合同约定相关条款提供解决方案。

　　特别是针对国内通程航班，《指南》提出，在提供中转便利化旅客服务的基础上，还需满足以下全部条件：① 开展跨航司业务合作的通程航班承运人应制定并公布有关运输条件；② 通程航班服务涉及的承运人、机场应在始发机场、中转机场安排专人或柜台提供指引、值机、行李托运、无忧中转、投诉受理等相关服务；③ 通程航班实行备案制，承运人、航空销售代理人及网络销售平台不得将未经备案的通程航班产品以通程航班的名义进行销售。若通程航班目的地机场出现行李不正常时，通程航班后段承运人应按首问负责原则，按照保障协议先行提供解决方案并作妥善处理，随后再根据中转机场影像留存信息等资料做好责任划分和费用结算。

　　另外，《指南》还制定了相关保障措施，要求全行业协同联动、鼓励创新，明确标准、强化保障，加快推广、扩大影响。

任务实施

情景模拟——为特殊旅客提供中转服务

实施步骤：

1. 将学生分为2人一组，分别扮演旅客张女士和中转人员。
2. 根据"任务情景"中提供的相关信息，完成旅客中转服务。

任务评价

请根据表3-11对上述任务实施的结果进行评价。

表 3-11   任务实施测评表

考核内容	分值	自评分	小组评分	教师评分	实得分
做好中转服务准备工作	30				
及时、迅速为旅客办理中转手续	40				
为旅客提供服务的流程连贯流畅，服务态度良好，语言清晰	30				
总分	100				

自我检测

1．常用的登机模式有哪些？
2．人工登机的服务流程是什么？
3．旅客中转的服务流程是什么？

民航之窗

坚守平凡，终将不凡——值机服务员的两天一夜

自新冠疫情发生以来，西安咸阳国际机场一线工作人员始终坚守在航班保障最前线。他们是机场的普通员工，也是最可爱的人、最美的逆行者，用温暖的语言和行动为旅客提供真情服务，在平凡的岗位上发光发热。

根据疫情防控要求，地勤公司值机服务部采用交班不接触的方式开展工作。早上9点，穿戴好防护用品，手提物资箱的值机服务员，开始了两天一夜的工作。

值机服务员祝唯说："我们每个人都配了手消凝胶，在旅客办理值机手续时，会提醒旅客做好手部消毒，确保做到'一客一消杀'。"

做好准备，值机服务员便开始工作。虽然穿戴着重重防护用品，但是她们仍会保持对旅客服务的热情，双手接递旅客证件与登机牌，"您好""再见""祝您旅途愉快"等问候语一次不落。值机柜台前还设有引导岗，负责及时提醒旅客保持一米间距。

值机服务部每个班组都设有防疫专员，每日对公共区域进行不少于四次的消杀工作，根据要求将 75%酒精消毒液喷洒在抹布上对柜台表面、办公设施设备等进行擦拭消毒，确保旅客健康安全。

　　晚上9点，不参与保障夜航的值机服务员结束了第一天的工作。此时，身为防疫专员的陈李政开始对待勤人员防护用品进行最后一次消毒。"我今晚提前做好防护用品的消毒，好让明日早航的同事可以安心上岗。疫情防控期间，我们每个人都要出一份力，共同筑起坚固的防线。"陈李政说道。

　　凌晨4点，负责保障早航的值机服务员穿戴好防护用品，便开始了第二天的工作。

　　中午12点，值机服务员们严格执行72小时1次核酸检测的工作要求，前往机场指定地点进行核酸检测，随后便结束了两天一夜的工作。

　　日复一日，年复一年，工作是重复的，旅客却是不同的，这就是值机服务员的两天一夜。他们始终坚守岗位，守卫着机场疫情防控阵地，为筑牢陕西空中防线贡献力量。

　　资料来源：西部网，http://news.cnwest.com/sxxw/a/2021/11/09/20081747.html

项目学习效果综合测试

一、选择题

1. 一位乘客准备乘坐的国内宽体机航班起飞时间是17:30，最好在（　　）到达机场。
   A. 15:00　　　　　　　　　　　B. 13:00
   C. 15:30　　　　　　　　　　　D. 14:00

2. 国内航班旅客乘机经常使用的有效证件不包括（　　）。
   A. 军官证　　　　　　　　　　　B. 居民身份证件
   C. 护照类证件　　　　　　　　　D. 退休证

3. 香港、澳门旅客在中国内地购买机票、办理乘机手续需提供的有效证件是（　　）。
   A. 港澳同胞回乡证　　　　　　　B. 港澳居民往来内地通行证
   C. 护照　　　　　　　　　　　　D. 外国人居留证

4. 国内航空旅客的免费行李额根据票价的不同有所差别，分别是头等舱旅客为（　　）千克；公务舱旅客为（　　）千克；经济舱旅客为（　　）千克，持婴儿票的旅客不享受免费行李额。
   A. 50、40、30　　　　　　　　　B. 60、40、20
   C. 100、80、50　　　　　　　　D. 40、30、20

5．可以上下客梯，也可以自己进出客舱座位，服务起止于客机停机坪的轮椅旅客代码为（　　）。

A．WCHR   B．WCHS

C．WCHM   D．WCHC

二、填空题

1．目前常用的值机方式主要有＿＿＿＿＿、＿＿＿＿＿、＿＿＿＿＿等。

2．根据运输责任的不同，行李可分为＿＿＿＿＿、＿＿＿＿＿、＿＿＿＿＿。

3．托运行李每件不能超过＿＿＿＿＿kg，体积不能超过＿＿＿＿＿，超过此规格则被称为"＿＿＿＿＿"，需要到大件行李柜台办理行李托运。

4．无成人陪伴儿童指年龄在＿＿＿＿＿周岁以上＿＿＿＿＿周岁以下的无成人陪伴的，单独乘机的儿童。

5．赵女士购买了从北京到南京的 MU2802 次航班的 Y 舱正价机票，票价为 2 100 元，她要托运的行李重量是 28.5 kg，应缴纳多少逾重行李费？请将计算结果填入逾重行李收费单。

旅客姓名：　　　　　　　　　　　　旅客客票号：

航段	承运人	航班号	重量	费率	运费金额	声明价值附加费	合计
自							
至							
日期		经手人		盖章			

三、简答题

1．客舱座位的安排一般遵循哪些原则？

2．不正常航班的处理操作有哪些？

3．简述轮椅旅客的服务程序。

4．简述旅客登机与中转服务流程。

机场安全检查服务与管理

:::: 项目导读 ::::::::::::::::::::::::::::::::::::

机场安全检查是乘坐民航飞机的旅客在登机前必须接受的证件、人身和行李物品的检查项目，是为了保证旅客自身安全和民用航空器飞行安全所采取的一项必要措施，这也是民航空防安全保卫工作的重要组成部分。随着民用航空的高速发展，民航安全面临着越来越大的考验，机场安检工作的要求也越来越高。

:::: 学习目标 ::::::::::::::::::::::::::::::::::::

- ↗ 了解机场的安检机构及人员要求
- ↗ 熟悉机场安检的对象
- ↗ 掌握旅客安检的工作方法

:::: 素质目标 ::::::::::::::::::::::::::::::::::::

- ↗ 培养精湛的专业技能和严谨的工作作风
- ↗ 增强大局意识、法治意识和安全责任意识，学习先进事迹榜样，以行动自觉强化责任担当

任务一　熟悉机场的安检及保卫工作

知 识 目 标

★ 熟悉机场不同区域的安保要求
★ 熟悉机场的安检机构及人员配备要求
★ 熟悉机场安检的对象

技 能 目 标

★ 能够将安保要求及安检对象等知识恰当地运用在安保或安检工作当中

任务情景

2018 年，中国机场全年旅客吞吐量达到 12.64 亿人次。到 2035 年，中国将需要约 450 个机场。中国的民航旅客吞吐量将占到全世界的四分之一。如此庞大的民航客运规模，不仅预示着中国的航空市场前景一片光明，也对机场的安保工作提出了更高的要求。

知识讲解

一、机场不同区域的安保要求

（一）候机隔离区的航空安保要求

根据安全保卫的需要，机场内划定了一些进出受到限制的区域。这些区域被称为机场控制区，包括候机隔离区（见图 4-1）、行李分拣装卸区、航空器活动区、维修区、货物存放区等。其中，候机隔离区是根据安全需要，在航站楼内划定的供已经通过安全检查的出港旅客等待登机的区域。

图 4-1 机场候机隔离区

候机隔离区应当封闭管理，凡是与非隔离区相毗邻的门、窗、通道等部位，应采取有效的隔离措施。机场应当配备与旅客吞吐量相适应的安检通道、安检人员和设备，确保所有进入候机隔离区的人员及物品经过安全检查。与此同时，机场应当建立符合标准的安检信息管理系统，及时收集、存储旅客的安检信息。

已经通过安全检查的人员离开候机隔离区再次进入的，应当重新接受安全检查。已经通过安全检查和未经安全检查的人员不得相混或接触。如发生相混或接触，机场管理机构应当采取以下措施。

（1）对相应隔离区进行清场和检查。

（2）对相应出港旅客及其手提行李再次进行安全检查。

（3）如旅客已进入航空器，则应对该航空器客舱进行安保搜查。

机场管理机构应当制定相应的程序，确保乘坐入境航班在境内机场过站或转机的旅客及其行李，在未重新进行安全检查时，不得与其他出港旅客接触。但是，与中国签订互认航空安保标准条款的除外。

将安全检查业务外包的，机场管理机构应当与服务提供商签订安保协议，并对候机隔离区实施有效控制。

男子翻强闯机场隔离区被处罚

某日 19 时 05 分许，安检员小盂像往常一样在杭州萧山国际机场 T3 航站楼为旅客进行人身安全检查时突然发现，一名身着条纹 T 恤、绿色长裤的光头男子赤脚强行翻越20 号安检通道外的隔离墙，进入机场隔离区，试图接近某位刚通过安全检查的女性旅客。发现此情况后，安检员小盂立即联合周围的同事上前将该男子制服，并将其移交机场航站楼派出所，避免了意外的发生。

经了解，该男子卢某是一名在校生，来机场是为了送别一位去西安的同学，本想亲自将同学送到安检口，但由于时间上的疏忽，他在到达机场后，发现该同学已经通过安全检查进入隔离区了，因为觉得没能见到同学很遗憾，一时冲动，就做出了之前愚蠢的举动。依据《中华人民共和国治安管理处罚法》的相关规定，卢某的行为系扰乱公共场所秩序，杭州机场公安对其处以 200 元的罚款。

来源：民航资源网，http://news.carnoc.com/list/293/293831.html

（二）机场非控制区的航空安保要求

机场公安机关应当保持足够的警力在机场航站楼、停车场等公共区域巡逻。

航站楼的广播、电视系统应定时通告，告知旅客和公众应当遵守的基本安保事项和程序。在航站楼内、售票处、办理乘机手续柜台、安检通道等位置应当设置适当的安保告示牌。

机场要客服务区域应当采取适当的航空安保措施，防止未经授权的人员进入。航站楼内的售票柜台及其他办理登机手续设施的结构应当能够防止旅客和公众进入工作区。所有客票和登机牌、行李标牌等应当采取航空安保措施，防止被盗或者滥用。设在航站楼内的小件物品寄存场所，其寄存的物品应当经过安全检查。

航站楼前的人行道应当设置相应的安全防护设施，防止车辆冲击航站楼。航站楼地下不得设置公共停车场；航站楼地下已设有公共停车场的，应在入口处配置爆炸物探测设备，对进入的车辆进行安全检查。

无人看管行李、无人认领行李和错运行李应存放在机场的指定区域，并采取相应的航空安保措施。机场管理机构应当组织制定对航站楼、停车场等公共区域发现的无主可疑物或可疑车辆的处置程序并配备相应的防爆设备。

机场管理机构应当对保洁员等航站楼内的工作人员进行培训，制定对航站楼内的卫生间、垃圾箱等隐蔽部位的检查措施，以及发现可疑物品的报告程序。

机场非控制区可以俯视航空器和安检现场的区域，以及穿越机场控制区下方的通道，应当采取以下措施：① 配备相应的视频监控系统，并适时有人员巡查。② 设置物理隔离措施，防止未经许可的人员进入，或者向停放的航空器或安保控制区域投掷物体等。③ 对可以观看到安全检查现场的区域应当采取非透明隔离措施。

机场开放使用应当满足的安保条件

（1）设有机场控制区及符合标准的防护围栏、巡逻通道，并配备专门的值守人员。

（2）派驻有机场公安机关并配备与机场运输量相适应的人员和装备。

（3）设有安全检查机构，并配备与机场运输量相适应的人员和设备。

（4）设有专职消防组织，并按照机场消防等级配备人员和设备。

（5）制定有航空安保应急处置预案并配备必要的设施设备。

（6）具有经审定的航空安保方案。

（三）机场要害部位的航空安保要求

机场的要害部位包括塔台（见图4-2）、区域管制中心、导航设施、机场供油设施、机场主备用电源，以及其他若遭受破坏将对机场功能产生重大不良影响的设施和部位。

图 4-2　机场塔台

对于机场的要害部位，应当采取以下航空安保措施。

（1）对塔台、区域管制中心等对空指挥要害部位，应当实行严密的航空安保措施，非工作需要或未经授权者严禁入内。

（2）对进入或接近要害部位的人员，应当采取通行管制等航空安保措施。

（3）导航设施和其他要害部位应当有足够的安全防护设施或人员保护。

（4）在威胁增加的情况下，应当及时通知有关单位强化航空安保措施，并按应急处置预案做好备用设备的启动准备。

（四）机场外围的安保要求

机场的安全保卫是从飞行区的外围开始的。飞行区外围应设置栅栏（见图4-3），重要地段要筑墙，栅栏或墙顶要装有铁丝网等让人无法攀登的金属结构；在栅栏的两旁要设有3 m以上的隔离带，在隔离带中不能有任何建筑物和障碍物；位于僻静处的栅栏一般用电网和微波拦防，栅栏上有明显标志警告接近者。机场区域入口要尽量少，并且要有车辆及人员进出的自动识别系统，同时必须有人看守，有照明设施和报警系统，也要有能与安全控制中心联络的通信系统。

图 4-3　机场外围栅栏

北京夫妻因误机闯首都机场停机坪拦飞机　被拘留 5 天

　　某日上午，从首都机场飞往上海虹桥机场的 CA1519 次航班比计划时间耽误了 20 min 才起飞。究其原因，是由于一对夫妻因为误机在航班登机时间截止后闯入了机场控制区，在飞机前试图阻拦飞机出港，欲逼迫飞机开舱门。航空公司和机场相关负责人到场劝说无果，最终二人被机场人员控制。后经了解得知，这两名旅客误机系个人原因，警方根据相关规定对二人处以行政拘留 5 天的处罚。

资料来源：环球网，https://m.huanqiu.com/article/9CaKrnJXEL9

课堂互动

　　说说让你印象深刻的机场安保事件。

二、机场安检机构与安检人员

　　机场安全检查简称"安检"，是民航空防安全保卫工作的重要组成部分，是国务院民用航空主管部门授权的专业安检队伍，为保障航空安全，依照国家法律法规对乘坐民航班机的中、外籍旅客及其行李、物品及航空货物、邮件进行的公开的安全技术检查，以防范劫持、爆炸民航班机和其他危害航空安全的行为，保障国家和旅客生命财产的安全，具有强制性和专业技术性。图 4-4 所示为机场安检人员正在对旅客进行人身检查。

图4-4　机场安全检查

（一）机场安检机构

民用运输机场的管理机构通常会设立专门的民航安检机构从事民航安检工作。公共航空运输企业从事航空货物、邮件和进入相关航空货运区的人员、车辆、物品的安全检查工作的，也应设立专门的民航安检机构。

民航安检机构的运行应当符合以下要求。

（1）具有符合民用航空安全保卫设施行业标准要求的工作场地、设施设备和民航安检信息管理系统。

（2）具有符合民用航空安全检查设备管理要求的民航安检设备。

（3）具有符合民用航空安全检查员定员定额等标准要求的民航安全检查员。

（4）具有符合《民用航空安全检查规则》和《民用航空安全检查工作手册》要求的民航安检工作运行管理文件。

（5）符合民航局规定的其他条件。

（二）机场安检人员

机场的安检人员即民航安全检查员。从事民航安检工作的人员应符合以下条件：① 具备相应岗位民航安全检查员国家职业资格要求的理论和技能水平；② 通过民用航空背景调查；③ 完成民航局民航安检培训管理规定要求的培训。

安检员用心"守卫"机场安全

此外，对不适合继续从事民航安检工作的人员，民航安检机构会及时将其调离民航安检工作岗位。

民航安全检查员执勤时，应当着民航安检制式服装，佩戴民航安检专门标志。民航安检制式服装和专门标志的式样和使用由民航局统一规定。民航安全检查员在执勤时不得从事与民航安检工作无关的活动。X射线安检仪操作员连续操作仪器的时间不得超过 30 min，再次操作 X 射线安检仪的间隔时间不得少于 30 min。

民航安检现场值班领导岗位管理人员应当具备民航安全检查员国家职业资格三级以上要求的理论和技能水平。

尽忠职守

"你所不知道的机场"之安检：一天蹲起超千次

"先生，请抬起双臂。"一男性旅客站在安检台上，安检员手持安检仪从上到下检查。安检仪紧贴着旅客的衣服扫描着，凡是发出声响的地方，安检员都会用手触碰一下。"请转身。"旅客转身后，安检员又一次从上到下检查。蹲下、站起，每检查一名旅客，安检员需要蹲起两三次。

每个安检通道每天有一千多的客流量，在人身检查这个环节上，安检员们每个人每天需要蹲起两三千下。为了保证第二天小腿不水肿，晚上回到家后，他们会把腿搭到墙上，倒立 10 min，从而保证下个班能正常工作。

资料来源：民航资源网，http://news.carnoc.com/list/306/306359.html

课堂互动

结合自身，谈谈要想成为一名机场安检人员，还有哪些方面的条件需要弥补。

三、机场安检的对象

机场安全检查工作由机场安检部门按照有关法律、行政法规和民用航空安全检查规则实施，其对象为乘坐国际、国内民航班机的中外籍旅客及其携带的行李物品，进入机场隔离区的人员及其携带的物品，货主委托民航空运的货物、邮件（经国家特别准许者除外）等，目的是防止危险品被带上或装载上飞机，保障民航飞机和旅客的生命财产安全。

（一）旅客及其行李物品

旅客及其行李物品的安全检查包括证件检查、人身检查、随身行李物品检查、托运行李检查等。安全检查的方式包括设备检查、手工检查及民航局规定的其他安全检查方式。

禁止旅客随身携带或者托运的物品

一、枪支、军用或警用械具类（含主要零部件）

枪支、军用或警用械具类包括：① 军用枪、公务用枪。手枪、步枪、冲锋枪、机枪、防暴枪等。② 民用枪。气枪、猎枪、运动枪、麻醉注射枪、发令枪等。③ 其他枪支。样品枪、道具等。④ 军械、警械。警棍、军用或警用匕首、刺刀等。⑤ 国家禁止的枪支、械具。钢珠枪、催泪枪、电击枪、电击器、防卫器等。⑥ 上述物品的仿制品。

二、爆炸物品类

爆炸物品类包括：① 弹药类。炸弹，手榴弹，照明弹，烟幕弹，信号弹，催泪弹，毒气弹和子弹（空包弹、战斗弹、检验弹、教练弹）等。② 爆破器材。炸药、雷管、导火索、导爆索、非电导爆系统、爆破剂等。③ 烟火制品。礼花弹、烟花、爆竹等。④ 上述物品的仿制品。

三、管制刀具

管制刀具是指 1983 年经国务院批准，由公安部颁布实施的《对部分刀具实行管制的暂行规定》中所列出刀具，包括匕首、三棱刀（包括机械加工用的三棱刀）、带有自锁装置的刀具，以及形似匕首，但长度超过匕首的单刃、双刃和三棱尖刀等；少数民族由于生活习惯需要佩带、使用的藏刀、腰刀、靴刀等属于管制刀具，旅客携带此类刀具在少数民族区域内乘坐飞机时，可移交机组。

四、易燃、易爆物品

易燃、易爆物品包括：① 氢气、氧气、丁烷等瓶装压缩气体、液化气体；② 黄磷、白磷、硝化纤维（含胶片）、油纸及其制品等自燃物品；③ 金属钾、钠、锂、碳化钙（电石）、镁铝粉等遇水燃烧物品；④ 汽油、煤油、柴油、苯、乙醇（酒精）、油漆、稀料、松香油等易燃液体；⑤ 过氧化钠、过氧化钾、过氧化铅、过醋酸等各种无机、有机氧化剂。

五、毒害品

毒害品包括氰化物、剧毒农药等剧毒物品。

六、腐蚀性物品

腐蚀性物品包括硫酸、盐酸、硝酸、有液蓄电池、氢氧化钠、氢氧化钾等。

七、放射性物品

放射性物品包括放射性同位素等。

八、其他危害飞行安全的物品

其他危害飞行安全的物品包括可能干扰飞机上的各种仪表正常工作的强磁化物，以及有强烈刺激性气味的物品等。

（二）航空货物及航空邮件

航空货物应当依照航空货物安检要求通过民航货物安检设备检查。检查无疑点的，民航安检机构应当加注验讫标识放行。对通过民航货物安检设备检查有疑点、图像不清或者图像显示与申报不符的航空货物，民航安检机构应当采取开箱包检查等措施，排除疑点后加注验讫标识放行。无法排除疑点的，应当加注退运标识作退运处理。开箱包检查时，托运人或者其代理人应当在场。对单体超大、超重等无法通过航空货物安检设备检查的航空货物，装入航空器前应当采取隔离停放至少 24 h 的安全措施，并实施爆炸物探测检查。

航空邮件应当依照航空邮件安检要求通过民航货物安检设备检查，检查无疑点的，民航安检机构应当加注验讫标识放行。航空邮件通过民航货物安检设备检查有疑点、图像不清或者图像显示与申报不符的，民航安检机构应当会同邮政企业采取开箱包检查等措施，排除疑点后加注验讫标识放行。无法开箱包检查或无法排除疑点的，应当加注退运标识退回邮政企业。

首都机场安检部门在邮件中查获夹带鹿角

首都机场的货运安检部门曾在一票由北京发往大阪的邮件中查获鹿角 6 只，严厉地打击了走私行为。

当日，首都机场安检员小白在执行安检任务时，发现 X 射线安检仪的屏幕呈现出疑似动物角的可疑图像，本着"不排除疑点不放过"的原则，小白按照"三人开包制"要求，同邮件代理人和开包员小鹏实施了开包检查。经开检，在邮件中查出夹带的鹿角 6 只。该票货物申报品名为邮件，其中却夹带鹿角，属于伪报邮件信息。小白随即将情况上报值班领导，并对相关代理人的证件及鹿角实施扣留，最终交机场海关处理。

资料来源：民航资源网，http://news.carnoc.com/list/366/366177.html

（三）其他人员、物品及车辆

进入民用运输机场控制区的其他人员、物品及车辆，应当接受安全检查。拒绝接受安全检查的，不得进入民用运输机场控制区。对其他人员及物品的安全检查方法与程序，应当与对旅客及行李物品的检查方法和程序一致，有特殊规定的除外。

1. 进入机场控制区的人员

工作人员进入机场控制区，必须佩戴机场控制区通行证，并接受工作人员的检查，如图 4-5 所示。机场控制区通行证由民航公安机关按照国务院民用航空主管部门的有关规定制发和管理。民用航空监察员凭民航局或地区管理局颁发的通行证进入机场控制区。持机场控制区一次性通行证的人员，应当在发证机构指定人员的引领下进入机场控制区。

执行飞行任务的机组人员进入民用运输机场控制区的，民航安检机构应当核查其民航空勤通行证件和民航局规定的其他文件，并对其人身及物品进行安全检查。图 4-6 所示为机场安检人员对机组人员实施安检。

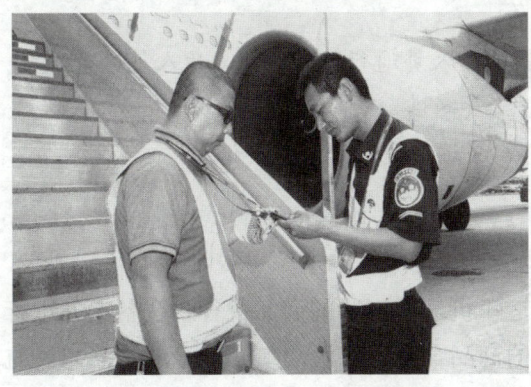

图 4-5　安检人员查验机场工作人员通行证　　　　图 4-6　机场安检人员对机组人员实施安检

使用伪造机场控制区专用通行证　男子被拘 10 天

辽宁机场公安沈阳机场分局航站楼派出所处理了一起伪造机场控制区专用通行证案件，违法嫌疑人房某被处行政拘留 10 天的处罚。

当日 16:30，房某来到沈阳机场 T3 航站楼接人，为了显得有面子，就想开车进入航站楼一楼门前专用车道。房某提前准备了一张伪造的"机场控制区专用通行证"，企图蒙混过关，不料被机场保卫员工当场识破并报告机场公安机关。迎接他的不是抬杆放行，而是 10 天的行政拘留。

资料来源：沈阳晚报，2017-08-29

2. 进入机场控制区的车辆

对进入民用运输机场控制区的车辆，民航安检机构应当核查民用运输机场控制区车辆通行证件，并对其车身、车底、驾驶员、搭乘人员及车上所载物品进行安全检查。在机场控制区内行驶的车辆应当按照划定的路线行驶，在划定的位置停放。

对于运输航空配餐和机上供应品的车辆，民航安检机构应当核查车厢是否锁闭，签封是否完好，签封编号与运输台账记录是否一致。必要时可以进行随机抽查。

机场控制区通行证种类

（1）全民航统一制作的证件：包括空勤登机证、中国民航公务乘机通行证、航空安全员执照、中国民用航空总局特别工作证等。

（2）民航各机场制作的证件：包括民航工作人员通行证、联检单位人员通行证、外部人员通行证、专机工作证、包机工作证等。

（3）其他人员通行证件：包括押运证、军事运输通行证、侦察证等。

（4）车辆通行证。

3．进入机场控制区的工具、原料及物品

民用运输机场管理机构应当对进入民用运输机场控制区的商品进行安全备案并进行监督检查，防止进入民用运输机场控制区内的商品含有危害民用航空安全的物品。民航安检机构应当核对商品清单是否和民用运输机场商品安全备案目录一致，并对其进行安全检查。

对进入民用运输机场控制区的工具、物料或者器材，民航安检机构应当根据相关单位提交的工具、物料或者器材清单进行安全检查、核对和登记，带出时予以核销。工具、物料和器材中含有民航禁止运输物品或限制运输物品的，民航安检机构应当要求其同时提供民用运输机场管理机构同意证明。控制区内使用的刀具等对航空安全有潜在威胁的物品，应当编号并登记造册。

为满足虚荣心 一男子多次冒充乘务员坐飞机

24 岁的男子张某，伪造证件冒充国航乘务员，多次进入机场隔离区并乘坐飞机，后因涉嫌犯伪造国家机关证件罪被起诉至法院。

在此前的两年时间内，张某使用伪造的中国民航空勤登机证，身穿国航乘务员制服、佩带航空空勤人员证件，冒充国航乘务员，多次进入北京首都国际机场及其他外地机场隔离区并乘坐飞机。公安民警将张某抓获后，起获其伪造的中国民用航空局和中国国际航空公司的有关公章、国航乘务员制式手提箱、相关制服等物品。经鉴定，上述印章及证件等均是伪造。

张某称，他的目的是让父母和亲戚们认为他是航空乘务员，以满足自己的虚荣心。

根据《中国民用航空安全检查规则》的规定，空勤人员登机时，应查验其《中国民航空勤登机证》。加入机组执行任务的非空勤人员，应当持有《中国民航公务乘机通行

证》和本人工作证（或学员证）。

民航有关人士表示，民航有关工作人员通过办理专门手续，可享有免费乘机的待遇。一般来说，加入机组执行任务的空勤人员，应持有有效的空勤登机证、公务乘机证或工作证，经运输控制中心签派将其列入《飞行任务书》中，并按照所列班次执行飞行任务。在首都机场，此方面的规章制度、程序和手续非常严格，机组人员是从员工通道通过安检的，对他们的安检内容和程序与普通乘客的要求一样，同时要出示空勤登机证。

该人士表示，现在网络上有许多出售飞行制服或制作证件的，为作假提供了指引和便利。安检部门会加大查验力度，增加空勤登机证的防伪措施。

资料来源：民航资源网，http://news.carnoc.com/list/100/100827.html

四、机场安检的工作原则

（一）安检第一，严格检查

确保安全是安全检查的宗旨和根本目的，而严格检查则是实现这个目的的手段和对安检人员的要求。所谓严格检查，就是严密地组织勤务、执行各项规定、落实各项措施，本着对国家和旅客高度负责的精神，牢牢把好安全技术检查、飞机监护等关口，切实做到证件不符不放过、X射线机图像判断不清不放过、开箱（包）检查不彻底不放过，以确保飞机和旅客的安全。

（二）坚持制度，区别对待

国家的法律、法规及有关安全检查的各项规章制度和规定，是指导安全检查工作实施和处理各类问题的依据，安检人员必须认真贯彻执行，做到有法必依、有章必循。同时，安检人员还应根据特殊情况和不同对象，在不违背原则和确保安全的前提下，灵活处置各类问题。通常情况下，安检人员对各类旅客实施检查时既要一视同仁，又要主次区别、明确重点、有所侧重。

（三）外松内紧，机智灵活

内紧是指安检人员要有敌情观念，要有高度的警惕性、责任心及严密的检查程序，要有处置突发事件的应急措施等，使犯罪分子无空可钻。外松是指安检人员检查时要做到态度自然，沉着冷静，语言文明，方式讲究，步骤有序。机智灵活是指面对错综复杂的情况时，安检人员要有敏锐的观察能力和准确的判断能力，善于分析问题，从受检人员的言谈举止、行装打扮和神态表情中发现蛛丝马迹，不遗漏任何可疑人员和物品。

（四）文明执勤，热情服务

机场是地区和国家的窗口，安全检查是机场管理和服务工作的一部分。安检人员要树立全心全意为旅客服务的思想，要做到检查规范、文明礼貌，要做到着装整洁、仪表端庄、举止大方、说话和气，"请"字开头，"谢"字结尾，要做到尊重不同地区、民族民众的习惯，同时要在确保安全、不影响正常工作的前提下尽量为旅客排忧解难。对伤、病、残旅客予以优先照顾，不伤害旅客的自尊心；为孕妇、儿童、老年旅客尽量提供方便，给予特殊照顾。

成都双流国际机场安检站：打造真情服务，温暖旅途

近年来，成都双流国际机场（以下简称"双流机场"）安检站一方面以敬畏之心严格按照规章手册操作；另一方面主张突破职责，倾听内心的声音，在职责之外追寻旅客服务的人性之美，以真心换真情，以真情动人心，塑造良好的服务形象，为旅客出行带去更加舒心的服务体验。

为自己找"麻烦"已成为双流机场安检人员的一种工作态度。当班勤务结束，值班遗失物品移交员完成移交工作后，安检员还会匆匆赶到航站楼快递中心，将旅客乘机无法随身携带的限制物品分别打包邮寄，并将快递单号一一发给旅客。这不是一场秀，而是双流机场安检站推出的"找'麻烦'"系列的一项服务举措。安检员的小"麻烦"为旅客解决了大"问题"，这项举措获得了旅客的一致好评。

此外，双流机场还为广大女性旅客设立了女性专用安检通道，为女性旅客提供更为私密的检查空间，保护女性旅客隐私，避免女性旅客脱掉外衣检查时的种种"尴尬"。同时，通道还配备了专人引导宣传，在前端提醒女性旅客提前做好相应准备，也对不小心误入队伍的男性旅客做好宣传引流。不仅如此，安检员们集思广益，创新推出了"丝巾服务"，让女性旅客的安检更加方便，使"尴尬"变成了温馨的 VIP 服务享受。

想旅客所想，急旅客所急。双流机场安检站坚持将旅客服务工作放在心上，抓在手上，引领员工牢固树立"全心全意为旅客服务"理念，主动思考旅客服务各个环节存在的瑕疵、不足，多做一些"不应该"，多为自己找"麻烦"，让旅客出行多一分便利。

资料来源：中国民航网，

http://www.caacnews.com.cn/1/5/202010/t20201014_1311866.html

机场安全保卫工作的调查分析

实施步骤：

（1）教师将学生分为若干个小组，到当地机场进行调研，了解机场安全保卫工作的相关信息。

（2）学生汇总所收集的资料，撰写分析报告。

（3）每组选派 1 名代表上台汇报并进行师生评价。

请根据表 4-1 对上述任务实施的结果进行评价。

表 4-1　任务实施测评表

考核内容	分值	自评分	小组评分	教师评分	实得分
熟悉机场不同区域的安保要求	20				
熟悉机场安检机构及安检人员配备情况	25				
熟悉机场安检的对象	25				
任务资料收集丰富，小组协作良好	15				
讲解条理清晰，观点表达明确，逻辑清楚	15				
总分	100				

1. 机场候机隔离区的航空安保要求有哪些？
2. 机场安检的对象有哪些？

任务二　掌握旅客安检的工作方法

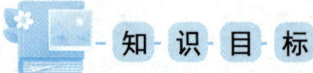

知 识 目 标

★ 掌握旅客乘机证件检查的方法

★ 掌握旅客随身携带的行李物品检查的方法

★ 掌握旅客人身检查的方法

★ 掌握开箱（包）检查的方法

技 能 目 标

★ 能运用所学知识胜任机场安检工作，并正确处理安检工作中发生的特殊情况

任务情景

经过培训与考核，小李正式成为了一名机场安检员，他已经掌握了民航安检员必备的理论知识，正跃跃欲试，想在工作中大显身手。一天，他通过 X 射线安检仪检查，发现旅客携带的行李中有不明液体，他决定告知开箱（包）检查员，对这件行李实施开包检查，查验该液体是否为违禁物品。

知识讲解

一、证件检查

办理证件查验手续是旅客安检流程中的第一关。在验证岗位中，工作人员负责对乘机旅客的有效身份证件和登机牌进行核查，识别冒名顶替和涂改、伪造证件，以及使用其他无效证件的旅客。

（一）证件检查的程序

（1）人、证对照。验证检查员接到证件时，要注意观察持证人的五官特征，确认证件上的照片与持证人的五官是否相符，如图 4-7 所示。

图 4-7　证件检查

（2）核对"三证"。一是核对证件上的姓名与机票上的姓名是否一致；二是核对机票是否有效，有无涂改痕迹；三是核对登机牌所注航班是否与机票一致；四是查看证件是否有效，同时查对持证人是否为查控对象。

（3）扫描旅客的登机牌，自动采集并存储旅客的相关信息。

（4）查验无误后，按规定在登机牌上加盖验讫章放行。验讫章实行单独编号、集中管理，落实到各班组使用。安检验讫章不得带离工作现场，遇有特殊情况需带离时，必须经安检部门值班领导批准。

"人脸识别"过安检

在旅客进行证件检查的过程中，待检区维序检查岗位工作人员要协助验证检查员维持好"一米黄线"的秩序和待检区的公共秩序；负责旅客安检问题的释疑，落实"首问责任制"；加强巡视，观察待检区人员动态，注意发现可疑人员及可疑行李物品；协助运输部门做好超大手提行李的管控。

知识角

二代身份证识别仪

二代身份证芯片采用智能卡技术，其芯片无法复制，可以高度防伪，配合二代身份证识别仪，可快速读取、查询第二代居民身份证的全部信息，从而验证第二代居民身份证真伪。

二代身份证识别仪（见图 4-8）使用非接触 IC 卡阅读识别的方式来识别二代身份证内含有的 RFID 芯片。身份证芯片内所存储的个人身份信息，包括姓名、住址、照片等会被读取，并显示在仪器上或与仪器相连接的电脑屏幕上。

图 4-8　二代身份证识别仪

（二）特殊情况处置

安检人员在发现旅客的证件存在问题时，首先要将旅客的证件或机票掌握在手中，并密切关注旅客，同时联系现场值班领导；等现场值班领导到达后，向其进行说明，并将相关手续及旅客转交值班领导进行处理。

1. 涂改、伪造、变造、冒名顶替证件的处理方法

旅客持涂改、伪造、变造、冒名顶替证件乘机是违法行为，一经发现，应立即报告值班领导，做好登记，移交机场公安机关审查处理。境外人员非法持有国内居民身份证件的，也应移交机场公安机关处理。

如果上述旅客年龄已高（以法定离退休年龄为基准），经机场公安机关查明，证实其身份且无前科，在收缴其非法证件并依法处罚后，可视情况由安检部门对其实施严格的安全检查，准予乘机。

2. 过期证件的处理方法

旅客所持居民身份证过期时间不到 6 个月的，可予以放行，否则不予放行。旅客所持临时居民身份证过期 15 天以内的，经站值班领导批准放行，超过 15 天的不予放行。

3. 旅客因故不能出示居民身份证件的处理方法

旅客因故不能出示居民身份证件，但旅客持有其他允许的乘机证件，可予以放行；否则，应交由现场值班领导处理。

冒用身份证乘机　被罚200元

20 岁女孩小许在南京禄口机场办理乘机手续时，工作人员发现其使用的是一张男性身份证。后经工作人员询问得知，小许在江苏打工，准备乘机返回老家昆明。但是，当她买完机票后，却发现自己的身份证找不到了。为了回家，小许借用了表哥的身份证办理乘机手续，企图蒙混过关。最后，根据相关规定，机场公安对小许做出罚款 200 元的行政处罚。

其实，像小许这样找不着身份证又着急回家的旅客，可以到航站楼的机场派出所办理"临时乘机证明"。该证明的有效期为 7 天，每张证明需交纳 40 元费用。若乘机人能提供带有身份证号的证件，如医保卡、身份证复印件等，3 min 即可完成"临时乘机证明"的办理。

资料来源：人民网，http://travel.people.com.cn/n/2014/0122/c41570-24189959.html

二、物品检查

　　旅客在经过证件检查后，会有前传检查员负责协助查验旅客的登机牌是否加盖验讫章，并对旅客随身携带行李的件数、体积、重量等按规定要求进行把关，不符合要求的将请旅客办理托运。然后，工作人员会请旅客将身上的物品掏出放入托盘内，将托盘放在 X 射线安检仪传送带上进行检查，引导旅客有序通过安全门，并配合人身检查员，掌握旅客通过安全门的速度。与此同时，根据验证人员的示意，前传检查员会通知 X 射线安检仪操作员和人身检查员需要重点检查的行李物品和对象。

安检员练就堪比
X 光机的火眼金睛

　　X 射线安检仪操作员应按操作规程正确使用安检仪器，集中精力，认真观察 X 射线安检仪的屏幕，仔细辨认监视器上受检行李（货物、邮件等）图像中的物品形状和种类（见图 4-9），识别违禁物品，对图像模糊不清或有疑点的物品要重新进行检查或告知开箱（包）检查员实施手工检查，并将需要开箱（包）检查的行李（货物、邮件等）及重点检查部位准确无误地告知开箱（包）检查员。

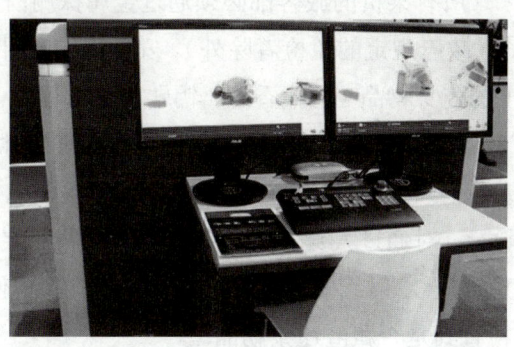

图 4-9　使用 X 射线安检仪检查行李物品

凤凰机场引进 CT 安检机助力安检员辨别违禁物品

　　近期，三亚凤凰国际机场引进了 CT 安检机，对旅客在 T2 航站楼办理托运的行李进行复检。CT 安检机的引进，标志着三亚机场托运行李安检判图进入了"三维"时代，意味着三亚机场向着安全检查信息化、智能化建设迈出了坚实的步伐，为三亚机场旺季的生产保障工作构建起一道安全屏障。

与传统的 X 射线安检仪相比，CT 安检机在工作原理及使用性能方面有着质的飞跃。该设备集合了先进的数据采集技术、专利技术、高分辨率三维成像技术及爆炸物自动探测技术，在对托运行李进行检测时可获得高清晰度、全体积、360 度全方位旋转的三维过检图像，图像显示层次清晰、立体感强，有助于提升安检员辨别违禁物品的能力。

资料来源：三亚市人民政府网，
http://www.sanya.gov.cn/sanyasite/syyw/201712/3656a9c4e0db48cca298e8631c44cdd9.shtml

三、人身检查

（一）人身检查的程序

人身检查是采用公开的仪器和手工相结合的方式，对旅客人身进行安全技术检查，其目的是为了发现旅客身上藏匿的危险品、违禁品和限制物品，保障民用航空器及其所载人员的生命财产安全。

安检人身检查

所有乘机的旅客都必须通过金属探测门（俗称"安全门"）的检查（政府规定的免检者除外）。安全门前的引导员应提醒旅客取出身上的随身物品（包括香烟、钥匙和手机等），引导旅客依次通过安全门。如安全门报警，民航安全检查员应当对其采取重复通过安全门或手工人身检查的方法进行复查，排除疑点后方可放行，如图 4-10 所示。对通过人身安检设备检查不报警的旅客可以随机抽查。对旅客放入托盘中的物品，应通过 X 射线安检仪进行检查，如物品不便进行 X 射线检查，要采用摸、掂、试等方法检查其是否藏匿违禁物品。

图 4-10　人身检查

金属探测门

金属探测门（见图4-11）具有视觉警报和声音警报功能，视觉警报显示装置可以按通过的金属比例给出一个条形的视觉警报，无论环境光线如何，至少可以在5 m以外清晰地观察到，当信号低于报警限界值时显示为绿色，高于限界值时显示为红色。金属探测门配备有声音警报信号调节装置，可以调节报警的持续时间、音调和音量。此外，金属探测门对心脏起搏器佩戴者、体弱者、孕妇、磁性媒介和其他电子装置无害，符合安全标准。

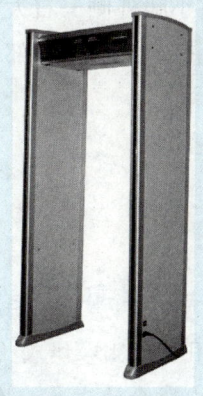

图4-11　金属探测门

（二）人身检查的重点对象

（1）精神恐慌、言行可疑、伪装镇静者。

（2）冒充熟人、假献殷勤、接受检查过于热情者。

（3）表现不耐烦、催促检查或言行蛮横、不愿接受检查者。

（4）窥视检查现场、探听安全检查情况等行为异常者。

（5）本次航班已经登机、匆忙赶到安检现场者。

（6）公安部门及安全检查站掌握的嫌疑人和群众提供的有可疑言行的旅客。

（7）上级或有关部门通报的来自恐怖活动频繁的国家和地区的人员。

（8）着装与其身份不相符或不合时令者。

（9）男性中、青壮年旅客。

（10）根据空防安全形势的需要，有必要采取特别安全措施航线的旅客。

（11）有国家保卫对象乘坐的航班的其他旅客。

（12）检查中发现的其他可疑问题者。

课堂互动

你认为还有哪些体貌特征和行为举止的人应成为安全检查的重点对象？

（三）手工人身检查的顺序及重点部位

安检人员进行手工人身检查时，通常需要配合使用手持金属探测器。手工人身检查的基本顺序为由上到下，由里到外，由前到后，具体顺序如下：① 前衣领—右肩—右大臂外侧—右手—右大臂内侧—腋下—右上身外侧—右前胸—腰、腹部—左肩—左大臂外侧—左手—左大臂内侧—腋下—左上身外侧—左前胸—腰、腹部；② 右膝部内侧—裆部—左膝部内侧；③ 头部—后衣领—背部—后腰部—臀部—左大腿外侧—左小腿外侧—左脚—左小腿内侧—右小腿内侧—右脚—右小腿外侧—右大腿外侧。

手工人身检查的重点部位包括头部、肩胛、胸部、手部（手腕）、臀部、腋下、裆部、腰部、腹部和脚部。

知识角

手持金属探测器

手持金属探测器（见图 4-12）用于探测人体或物体携带的金属物。它可以探测出人身携带或包裹、行李、信件、织物内所含的武器、炸药或小块金属物品。

手持金属探测器属小型电子仪器，使用时应轻拿轻放，以免损坏仪器；仪器应由专人保管，注意防潮、防热；应使用微湿柔软的布进行清洁。

图 4-12　手持金属探测器

（四）手工人身检查的要点及注意事项

使用手持金属探测器检查时，通过手持金属探测器和手结合的方法，按照规定程序对旅客实施人身检查。将手持金属探测器顺着身体的自然形状移动，金属探测器所到之处，人身检查员应配合用另一只手以摸和按压的动作来感觉出旅客身体或衣物内不贴合、不自然的物品。如果手持金属探测器报警，人身检查员应配合触摸报警部位进行复查，以判断报警物性质，同时请旅客取出物品进行检查。旅客取出物品后，人身检查员应对该报警部位进行复查，确认无误后，方可进行下一步检查。

在进行手工人身检查的过程中，人身检查员需注意以下几点。

（1）进行人身检查时，检查员的双手掌心要切实接触旅客的身体和衣服，因为手掌心面积大且触觉较敏锐，有利于及时发现藏匿的物品。

（2）不可只查上半身不查下半身，特别要注意检查重点部位。

（3）对旅客从身上掏出的物品，应仔细检查，防止夹带危险品。

（4）检查过程中，要不间断地观察旅客的表情，防止发生意外。

（5）对女性旅客实施检查时，必须由女性检查员进行。

旅客藏匿违禁物品
意图躲避机场安检

移位人身检查法

移位人身检查法是指在对旅客进行人身检查时，人身检查员按规定的方法，主动完成从前到后的人身检查程序。这种方法可以使旅客在检查的过程中避免转身，能够始终面对自己的行李物品。移位人身检查法是一种从方便旅客的角度出发的人身检查方法。

在使用移位人身检查法时，人身检查员应请旅客面向行李物品站立，提醒旅客照看好自己的行李物品，并从旅客正面开始实施人身检查。在完成旅客前半身的人身检查程序后，主动转至旅客身后，实施旅客背面的人身检查。检查完毕，人身检查员应提醒旅客携带好自己的行李物品，然后回到原检查位置进入待检状态。

（五）特殊情况处置

（1）对拒不接受安全检查的旅客，可拒绝其登机。

（2）对经过人身检查仍不能排除疑点的旅客，可带至安检室进行从严检查。实施从严检查应报告安检部门值班领导批准后方可进行，必须由同性别的两名以上的检查员实施。从严检查应做好记录，并注意监视检查对象，防止其行凶、逃跑或毁灭证据。

（3）在检查过程中，发现旅客隐匿携带枪支弹药、管制刀具、爆炸物品等，应控制人和物，并一起移交公安机关处理。

安检员"火眼金睛"识别旅客携带隐藏刀具

厦门机场 T4 航站楼安检正井然有序地检查着乘机旅客的人身及随身行李。11 时左右，J 检查通道安全员发现一名男性旅客神情紧张，这引起了他的注意。随即，这名安检员针对该旅客进行了仔细的检查，发现其皮带头有异常情况，如图 4-13 所示。

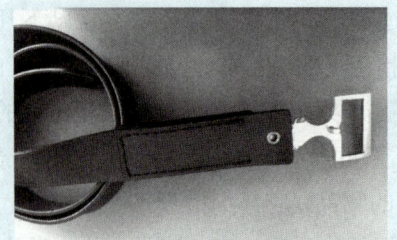

图 4-13　异常的腰带

　　安检员就此询问其原因，该旅客声称就是一条普通的腰带。但经过安检员检查后发现，该腰带扣端有一硬物延伸隐匿在腰带内侧，并确认此腰带为一把腰带刀。安检员在对该旅客及随身行李重点检查后，将其移交给现场值班领导处理。

　　　　　　　　　　资料来源：民航资源网，http://news.carnoc.com/list/356/356351.html

知识角

液态物品的乘机规定

　　《民用航空安全检查规则》中明确了液态物品的界定：液态物品包括液体、凝胶、气溶胶等形态的液态物品。其包括但不限于水和其他饮料、汤品、糖浆、炖品、酱汁、酱膏；盖浇食品或汤类食品；油膏、乳液、化妆品和油类；香水；喷剂；发胶和沐浴胶等凝胶；剃须泡沫、其他泡沫和除臭剂等高压罐装物品（如气溶胶）；牙膏等膏状物品；凝固体合剂；睫毛膏；唇彩或唇膏；以及室温下稠度类似的其他任何物品。

　　如果旅客乘坐的是国际、地区航班，液态物品应当盛放在单体容器容积不超过 100 mL 的容器内随身携带，与此同时，盛放液态物品的容器应置于最大容积不超过 1 L，可重新封口的透明塑料袋中，每名旅客每次仅允许携带一个透明塑料袋，超出部分应作为行李托运。

　　如果旅客乘坐的是国内航班，液态物品禁止随身携带（航空旅行途中自用的化妆品、牙膏及剃须膏除外）。航空旅行途中，自用的化妆品必须同时满足 3 个条件（即每种限带 1 件、盛放在单体容器容积不超过 100 mL 的容器内、接受开瓶检查）方可随身携带，牙膏及剃须膏每种限带 1 件且不得超过 100 g（mL）。旅客在同一机场控制区内由国际、地区航班转乘国内航班时，其随身携带入境的免税液态物品必须同时满足 3 个条件（即出示购物凭证、置于已封口且完好无损的透明塑料袋中、经安全检查确认）方可随身携带，如果在转乘国内航班的过程中离开机场控制区，则必须将随身携带入境的免税液态物品作为行李托运。

　　　　　　　　资料来源：东方网，http://mini.eastday.com/bdmip/171214150732864.html#

四、开箱（包）检查

　　开箱（包）检查是安全检查工作的最后一个环节，也是安全检查员必须熟练掌握的一项技能，如图4-14所示。

图4-14　开箱（包）检查

（一）开箱（包）检查的重点对象及物品

　　（1）用X射线安检仪检查时，因图像模糊不清而无法判断物品性质的。

　　（2）用X射线安检仪检查时，发现似有电池、导线、钟表、粉末状、液体状、枪弹状物及其他可疑物品的。

　　（3）X射线安检仪图像中显示有容器、仪表、瓷器等物品的。

　　（4）照相机、收音机、录音录像机、电子计算机等电器。

　　（5）携带者特别小心或时刻不离身的物品。

　　（6）乘机者携带的物品与其职业、事由和季节不相适应的。

　　（7）携带者声称是帮他人携带或来历不明的物品。

　　（8）旅客声称不能用X射线安检仪检查的物品。

　　（9）现场表现异常的旅客或群众揭发的嫌疑分子所携带的物品。

　　（10）公安部门通报的嫌疑分子或被列入查控人员所携带的物品。

　　（11）旅客携带的密码箱（包）进入检查区域发生报警的。

（二）开箱（包）检查的程序

　　（1）观察外层：查看箱包的外形，检查外部小口袋及有拉链的外夹层。

　　（2）检查内层和夹层：用手沿行李包的各个侧面上下摸查，将夹层、底层、内层小口袋检查一遍。

　　（3）检查包内物品：按X射线安检仪操作员所指的重点部位和物品进行检查，没有具体目标的情况下应一一检查，已查和未查物品分开，如包内有枪支等物品，应先取出保管好，及时处理，再细查其他物品，对物主采取看护措施。

（4）善后处理：检查后如有问题，应及时报告领导，或交由公安机关处理。没有发现问题的，应协助旅客将物品放回包内，并对其合作表示感谢。

（三）开箱（包）检查的方法

开箱（包）检查一般是通过安全检查员的眼、耳、鼻、手等感官进行检查，不同的物品应采取相应的检查方法。

1. 仪器、仪表的检查

对于仪器、仪表，通常使用 X 射线安检仪对其进行透视检查，如 X 射线安检仪透视不清，又有怀疑，可用看、掂、探、拆等方法检查。看仪器、仪表的外壳螺丝是否有动过的痕迹；对家用电表、水表等可掂其重量来判断；对特别怀疑的仪器、仪表可以拆开检查，看里面是否藏有违禁物品。

2. 各种容器的检查

对容器进行检查时，可取出容器内的物品，采取敲击、测量的方法，听其发出的声音，分辨有无夹层，并测出容器的外高与内深，查看外径与内径的比差是否相符。如不能取出里面的物品，则可采用探针检查。

3. 各种文物、工艺品的检查

对于各种文物及工艺品，一般采用摇晃、敲击、听等方法进行检查，摇晃或敲击时，听其有无杂音或异物晃动声。

4. 容器中液体的检查

对液体的检查一般可以采用看、摇、嗅、试烧的方法进行。看容器、瓶子是否为原始包装封口；摇液体有无泡沫（易燃液体经摇动一般产生泡沫且泡沫消失快）；嗅闻液体气味是否异常（酒的气味香浓，汽油、酒精、香蕉水的刺激性大）；对不能判别性质的液体可取少量进行试烧，但要注意安全。此外，还可借助液检仪（见图 4-15）对容器中的液体进行检查。

5. 骨灰盒等特殊物品的检查

对旅客携带的骨灰盒、神龛、神像等特殊物品，如 X 射线安检仪检查发现有异常，可征得旅客同意进行手工检查；如果旅客不愿意接受 X 射线安检仪的检查，可采用手工检查或使用防爆桶（见图 4-16）进行安全检查。

图 4-15　液检仪

图 4-16　防爆桶

6. 衣物的检查

衣服的衣领、垫肩、袖口、兜部、裤腿等部位容易暗藏武器、管制刀具、爆炸物和其他违禁物品。在安全检查中，对旅客行李物品中的可疑衣物要采用摸、捏、掂等方法进行检查。对冬装及皮衣、皮裤更要仔细检查，看其是否有夹层，捏其是否暗藏有异物。对衣物检查应使用手掌进行摸、按、压。因为手掌的接触面积大且敏感，容易发现藏匿在衣物内的危险品。

7. 皮带（女士束腰带）的检查

对皮带（女士束腰带）进行检查时，看边缘缝合处有无再加工的痕迹，摸带圈内是否有夹层。

8. 书籍的检查

书籍容易被忽略，较厚或者是捆绑在一起的书籍可能被挖空，暗藏武器、管制刀具、爆炸物和其他违禁物品。检查时，应将书籍打开翻阅检查，查看其中是否夹藏上述物品。

9. 笔的检查

看笔的外观是否有异常，掂其重量是否正常，按下开关或打开查看其是否改装成笔刀或笔枪。

10. 雨伞的检查

雨伞的结构很特殊，往往被劫机分子利用，在伞骨、伞柄中藏匿武器、匕首等危险物品以混过安全检查，在检查中可用捏、摸、掂、打开的方法进行检查。此外，要特别注意折叠雨伞的检查。

11. 手杖的检查

对手杖进行敲击，听其声音是否正常；认真查看其是否被改成拐杖刀或拐杖枪。

12. 玩具的检查

儿童携带的玩具也可能藏有刀具和爆炸装置。对毛绒玩具进行检查时，通常要看其外观，用手摸有无异物；对电动玩具检查时，可通电或打开电池开关进行检查；对有遥控装置的玩具检查时，查看其外表有无打开过的痕迹，摇晃听有没有异响，掂其重量是否正常，拆开遥控器检查电池，查看其是否暗藏危险品。

13．整条香烟的检查

整条香烟、烟盒一般都是轻质物品，主要看其有无被重新包装的痕迹和掂其重量（每条香烟的重量约为 300 g）来判断，对有怀疑的要打开包装检查。

14．摄像机、照相机的检查

对于小型摄像机，可首先检查其外观是否正常，有无可疑部件，有无拆卸过的痕迹，重点检查电池盒、带匣、取景窗等部位是否正常，如发现可疑之处，可请旅客进行操作以查明情况。对于大型摄像机，可在征得旅客同意后进行 X 射线安检仪检查。对可疑的照相机可以请旅客按快门试拍来判断。

15．收音机的检查

对于收音机的检查，一般要打开电池盒盖，抽出天线，查看其是否藏匿有违禁物品；必要时，应打开外壳检查其内部。

16．录音机、便携式 CD 机的检查

检查其是否能正常工作，必要时打开电池盒盖和带舱，查看其是否隐匿有危险物品。

17．便携式计算机的检查

检查其外观有无异常，掂其重量是否正常，可请旅客将便携式计算机启动，查看能否正常工作；对鼠标、电源等附件也要进行检查。

18．手机的检查

检查手机时可用看、掂、开等方法进行检查。看其外观是否正常，掂其重量，通过打开电池盒盖和开启、关闭手机来辨别其是否正常。

19．乐器的检查

乐器都有发音装置，对弦乐器材可用拨、按、听、看的方法，听其是否能正常发音。对管乐器材可请旅客现场演示。

20．口红、香水等化妆品的检查

微型发射器可以伪装成口红的外观，安全检查员可通过掂其重量并打开进行检查。部分香水的外部结构在 X 射线安检仪屏幕上显示的图像与微型发射器类似，在检查时应观看瓶体说明并请旅客试用。

21．粉末状物品的检查

粉末状物品性质不易确定，应取少量粉末状物品通过炸药探测仪（见图 4-17）进行防爆检测，以确保该物品的安全。

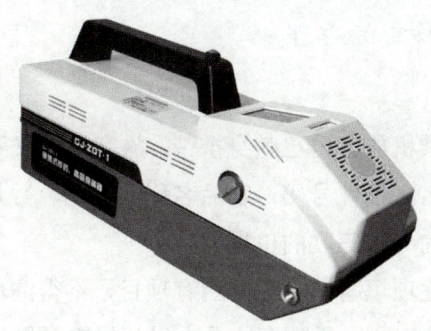

图 4-17　炸药探测仪

22. 食品的检查

对罐装或袋装食品，应掂其重量判断是否与罐体、袋体所标注重量相符。看其封口是否有重新包装的痕迹。发现可疑时，可请旅客自己品尝。

23. 小电器的检查

诸如电吹风机、电动卷发器、电动剃须刀等小型电器可通过观察外观，打开电池盒盖，以及现场操作的方法进行检查。对于钟表要检查表盘的时针、分针、秒针是否正常工作，拆开其电池盒盖查看是否被改装成钟控定时爆炸装置。

24. 鞋的检查

采用看、摸、捏、掂等方法来判断鞋内是否藏有违禁物品。"看"是指查看鞋的外层与内层；"摸"是通过手的触感来检查鞋的边缘等较为隐蔽之处，检查是否有异常；"捏"是通过手的挤压来感觉，进行判断；"掂"是指掂鞋的重量是否正常，必要时可通过 X 射线安检仪进行检查。

（四）开箱（包）检查的要求及注意事项

（1）开箱（包）检查时，物主必须在场，并请物主将箱（包）打开。

（2）检查时要认真细心，特别要注意重点部位，如箱（包）的底部、角部和外侧小兜，并注意有无夹层。

（3）旅客的物品要轻拿轻放，如有损坏应照价赔偿。检查完毕，应尽量按原样放好。

（4）开箱（包）检查发现危害大的违禁物品时，应采取措施控制住携带者，防止其逃离现场，并将箱（包）重新经 X 射线安检仪检查，以查清是否藏有其他危险物品，必要时将其带入检查室彻底清查。

（5）若旅客申明所携带物品不宜接受公开检查时，安检部门可根据实际情况，避免在公开场合检查。

（6）对开箱（包）的行李必须再次经过 X 射线安检仪检查。

（五）物品暂存、移交的办理

1. 暂存物品的办理

暂存物品是指不能由乘机旅客自己随身携带，旅客本人又不便于处置的物品。暂存物品单据是指记载有物主姓名、证件号码，物品名称、标记、数量、新旧程度，存放期限，经办人和物主签名等项目的一式三联的单据。

在开具单据时，必须逐项填写单据上的所有项目，不得漏项。单据一式三联，第一联留存，第二联交给旅客，第三联贴于暂存物品上以便旅客领取。安检部门收存的暂存物品应设专人专柜妥善保管，不得丢失。

物品暂存的有效期限一般为 30 天，逾期未领者，视为无人认领物品，应交由民航公安机关处理。

2. 移交物品的办理

移交物品是指安检部门在安全检查工作中，将遇到的问题物品按规定移交给各有关部门。

对在安检中发现的可能被用来劫（炸）机的武器、弹药、管制刀具及假冒证件等，应当连人带物移交所属民航机场公安机关审查处理。

对在安检中发现的被认为是走私的黄金和文物、毒品、淫秽物品、伪钞等，应连人带物移交相应的有关部门审查处理。

旅客携带的藏刀、腰刀、靴刀等在少数民族区域内乘坐飞机时，可移交机组。

移交物品时应填写移交单据。移交单据一式三联，第一联留存，第二联交给旅客，第三联交接收人。移交单据应妥善保管，以便存查。

（六）特殊情况处置

非管制刀具不准随身携带，可准予托运。国际航班如果有特殊要求，经民航主管部门批准，可按其要求进行处理。

对检查中发现的走私物品，安全检查员应做好登记移交海关处理。对查出的淫秽物品、毒品、赌具、伪钞、反动宣传品等，安全检查员应做好登记并将人和物一起移交机场公安机关依法处理。

对医护人员携带的抢救危重病人所必需的氧气袋等，凭医院证明可予以检查放行。

课堂互动

现实生活中，旅客不配合安检的情况时有发生，该如何对其进行劝说？

将毒品藏匿"胶囊"内　机场安检识破伎俩

　　青岛机场安检部旅检科小袁分队正在国内安检一号通道内执勤。这时，一名中年男子进入了该通道，该旅客中等身材，面色苍白，眼神飘忽不定，额头还有少许虚汗，安检员察觉该旅客有些可疑，随即提高了警惕。接下来的一幕，更令安检员感到疑惑，该旅客过安检门时，浑身抖动，话语不清，好像大脑已不受自己的控制一样。在对其随身行李进行 X 射线安检仪检查时，检查人员通过图像，发现该旅客包内有疑似吸毒工具的玻璃制品，立即通知开包员对其行李进行检查。开包员询问该旅客是否带有类似吸毒工具等物品，旅客做含糊回答，一会儿说忘了，一会儿说没有。开包员通过仔细检查，发现该旅客包内确实有吸毒工具，此时，旅客神情慌张、异常激动，说："查什么，查什么，没有东西了。"

　　安检员并没有放松警惕，仍然坚持认真检查，发现旅客包内有两瓶胶囊，打开胶囊发现，胶囊内藏匿冰毒若干。随即，安检员们对该旅客人身及其随身行李进行了重复检查，确认没有其他危险违禁物品，在请示值班领导后，将该旅客移交机场公安处理。

　　　　　　　　　　　　资料来源：民航资源网，http://news.carnoc.com/list/291/291633.html

情景模拟——机场安检

实施步骤：

1. 教师将学生分为 6 人一组，分别扮演携带不明液体的旅客、验证检查员、安全门前的引导员、X 射线安检仪操作员小李、人身检查员、开箱（包）检查员。

2. 根据"任务情景"中提供的相关信息，安检人员完成旅客安检工作。

（1）验证检查员对旅客进行证件检查。

（2）安全门前的引导员请旅客将身上的物品掏出放入托盘内，将托盘放在 X 射线安检仪传送带上进行检查，引导旅客通过安全门。

（3）人身检查员对旅客进行手工人身检查。

（4）X 射线安检仪操作员识别出该旅客携带有不明液体，告知开箱（包）检查员实施手工检查。

（5）开箱（包）检查员按工作流程查看旅客行李，重点检查行李内的不明液体。

任务评价

请根据表 4-2 对上述任务实施的结果进行评价。

表 4-2　任务实施测评表

考核内容	分值	自评分	小组评分	教师评分	实得分
使用礼貌用语与旅客打招呼，并请旅客出示有效乘机证件	10				
验证检查员进行人、证对照，核对"三证"，扫描登机牌，查验无误盖验讫章	20				
人身检查员正确进行人身检查	30				
X 射线安检仪操作员确定开箱（包）检查的对象	20				
开箱（包）检查员按正规程序和方法进行开箱（包）检查	20				
总分	100				

自我检测

机场安全检查的对象有哪些，针对不同的对象，分别应采取什么样的方法？

民航之窗

铿锵玫瑰绽芳华——记全国劳动模范孟晓婧

是怎样一种热爱，让她把人生最美好的青春奉献给民航事业；是怎样一种执着，让她一步一个脚印，从一名普通安检员，晋升为班组长、副主任再到科室主任。难不倒、压不弯、拉得出、打得赢，她用 16 年的坚守诠释了责任与担当，她就是新疆机场集团乌鲁木齐分公司安全检查总站旅检二室主任孟晓婧。

踏实苦干的"女汉子"

生活中的她温婉贤淑，工作中的她雷厉风行。在日常的巡视查岗中，她每走到一处就会停下来仔细观察，及时规范安检员的操作。她总能因材施教、对症下药，准确说出安检员工作中存在的问题。

每天除了在班前班后会上对工作进行部署，梳理分析工作中存在的问题外，孟晓婧还要及时了解科室内员工的思想动态，与员工们谈心谈话，对责任担当、团队集体，团结互助、荣辱意识等进行普及教育。

因业务技能突出，孟晓婧多次荣获全疆安检技能比武第一名，取得了出色的成绩。但她不骄不躁，在提升自我的同时，利用工作之余协助身边同事共同进步。只要有技能比武大赛或者是强化培训，她都会利用休息时间，到培训现场指导科室员工学习，一遍遍地讲解学习技巧及工作经验，使员工实操技能得到快速提升。

精益求精的"多面手"

在领导眼中，她是得力助手，对待工作认真负责；在同事和员工眼中她既是大家学习的榜样，也是技能业务达人。她多次在旅客行李中查获违禁品，识破各类伪装和故意藏匿违禁品事件，一次次将安全隐患查堵在地面，以踏实认真、高度负责的态度立足本职。

孟晓婧是一个对工作特别负责的人，工作中她会和操机员讨论对旅客行李的检查心得，会和员工讨论安检规章和服务理念等专业知识。她一直严格要求自己，思想上不断进取，业务上精益求精，带领着旅检二室团队不断学习新的服务理念，潜心钻研服务工作。

在防控疫情的特殊时期，为了能让出行的旅客能够感受到浓浓的节日氛围，给旅客一个不一样的"疫情中秋"纪念，她组织员工利用休息时间进行设计、制作小礼物。这些既实用又美观的小礼物非常受旅客的喜爱，安检通道的布置也让旅客感受到了浓浓的节日气氛。

疫情防控的"坚守者"

没有脚踏祥云从天而降的英雄，只有挺身而出敢于担当的凡人。疫情防控工作开展以来，作为一名共产党员，孟晓婧主动请缨，坚守在工作一线：检查防护物资、防护用品，做好应急物资的领用管理；每天岗前细心检查员工的穿戴防护，口罩、头套、面罩完全符合标准才让其走上岗位。每天不少于四次的消毒工作她更是亲力亲为，这样可以为科里员工多争取一些休息时间。"简单的事情重复做，重复的事情用心做"是她的工作原则，面对疫情，她一往无前，勇担责任，为旅客营造安全的过检环境。

在平凡的岗位上，孟晓婧用乐于奉献、脚踏实地的精神奏出了不平凡的乐章。

资料来源：中国民用航空网，http://www.ccaonline.cn/jichang/622055.html

项目学习效果综合测试

一、选择题

1. 民航安检现场值班领导岗位管理人员应当具备民航安全检查员国家职业资格（   ）级以上要求的理论和技能水平。

    A. 二   B. 三

    C. 四   D. 五

2. X射线安检仪操作员连续操机工作时间不得超过（   ）。

    A. 90 min   B. 60 min

    C. 45 min   D. 30 min

3. 从严检查措施应当由（   ）名以上与旅客同性别的民航安全检查员在特别检查室实施。

    A. 1   B. 2

    C. 3   D. 4

4. 对于旅客提出需要暂存的物品，民用运输机场管理机构应当为其提供暂存服务。暂存物品的存放期限不超过（   ）。

    A. 7天   B. 15天

    C. 30天   D. 60天

5. 机场安全检查工作目的是防止（   ）被带上或装载上飞机，保障民航飞机和旅客生命财产安全。

    A. 日用品   B. 私人物品

    C. 危险品   D. 公共物品

二、填空题

1. 根据安全保卫的需要，机场控制区划定为_____区、_____区、航空器活动区和维修区、货物存放区等。

2. 机场区域入口要尽量少，必须有人看守，有_____设施和_____系统，也要有能与安全控制中心联络的通信系统。

3. 民航安全技术检查，具有_____性和_____性。

4. 机场对旅客及其行李物品安全检查的方法包括_____检查和_____检查，以及民航局规定的其他安全检查方式。

5. 执行飞行任务的机组人员进入民用运输机场控制区的，民航安检机构应当核查其_____和民航局规定的其他文件，并对其_____进行安全检查。

6. 安检员要对旅客人身或行李箱包进行检查来发现_____品、_____品及_____物品。

7. 手工人身检查的基本顺序为_____。

8. 开箱（包）检查的程序为_____。

三、问答题

1. 已经安全检查的人员、行李、物品与未经安全检查的人员、行李、物品不得相混或接触。如发生相混或接触，民用运输机场管理机构应当采取什么措施？

2. 民航安检机构的运行需具备哪些条件？

3. 民航机场安检人员应具备的条件有哪些？

4. 验证检查员、人身检查员、开箱（包）检查员的工作方法分别有哪些？

项目五

机场候机服务与管理

::::: 项目导读 :::

在旅客候机的过程中，工作人员应及时地播报各类进出港航班信息，同时为有需要的旅客提供问询和导乘服务。当旅客出现摔伤等意外伤害，或航站楼发生大面积停电、火灾等突发事件时，工作人员都应及时给予妥善处理。

::::: 学习目标 :::

↗ 掌握机场广播服务
↗ 掌握问询与导乘服务技巧
↗ 掌握突发和旅客意外伤害事件的处理方法

::::: 素质目标 :::

↗ 培养脚踏实地、认真负责的工作作风，提升职业素养
↗ 践行全心全意为人民服务的宗旨，立足岗位，甘于奉献

任务一　掌握机场广播服务

知 识 目 标

★ 掌握机场广播用语的一般规范
★ 掌握航班信息类广播用语

技 能 目 标

★ 能够正确使用广播用语对不同的航班信息进行广播

任务情景

由首都国际机场飞往上海虹桥国际机场的 MU5160 航班还有 15 min 将截止办理值机手续。工作人员需要进行广播来提醒旅客尽快办理值机手续。

知识讲解

一、航站楼广播用语的一般规范

广播用语必须准确、规范，采用统一的专业术语，语句通顺易懂，避免发生混淆。广播用语的类型应根据机场有关业务要求来划分，以播音的目的和性质来区分。各类广播用语应准确表达主题，规范使用格式。广播用语以汉语和英语为主，同一内容应使用汉语普通话和英语对应播音。在需要其他外语语种播音的特殊情况下，主要内容可根据标准广播用语汉语部分进行编译。

二、航站楼广播用语的分类

航站楼广播用语的分类如图 5-1 所示。

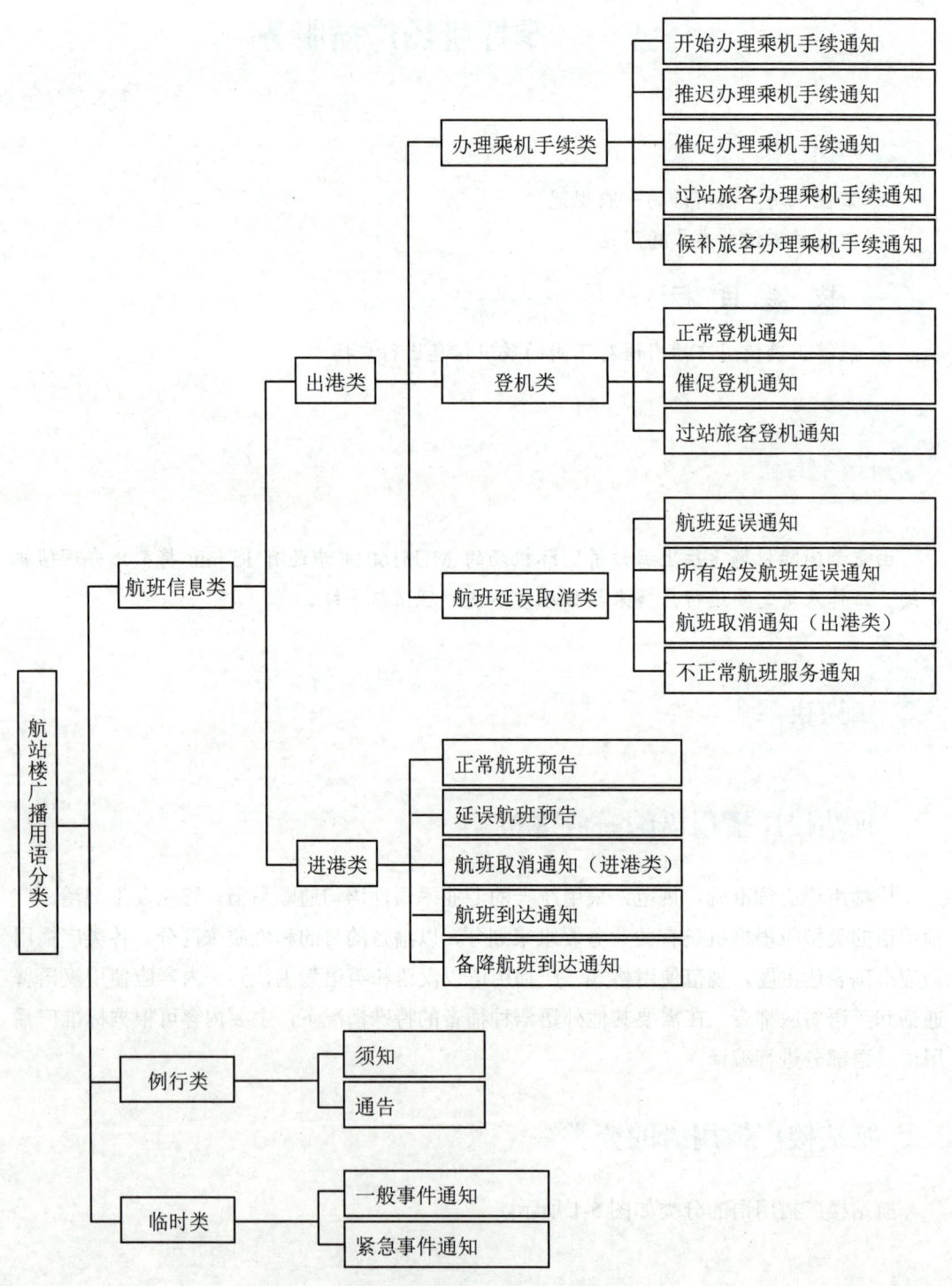

图 5-1　航站楼广播用语的分类

我国一些地域的方言与普通话发音完全不同，为方便当地旅客的出行，可否将当地方言用于航站楼的广播？

三、航班信息类广播用语的格式

每一种航班信息广播用语的格式都包括不变因素和可变因素。不变因素是指格式中的固定用法及其相互搭配的部分，由固定的文字组成。可变因素是指格式中由动态情况确定的部分，其在每种格式中由不同的符号和符号内的文字组成。格式中的符号注释如下。

①：表示在____处填入机场名称；

②：表示在____处填入航班号；

③：表示在____处填入办理乘机手续的柜台号、服务台号或问询台号；

④：表示在____处填入登机口号；

⑤：表示在____处填入 24 小时制小时时刻；

⑥：表示在____处填入分钟时刻；

⑦：表示在____处填入播音次数；

⑧：表示在____处填入飞机机号；

⑨：表示在____处填入电话号码；

⑩：表示〔 〕中的内容可以选用，或跳过不用；

⑪：表示需从〈 〉中的多个要素里选择一个，不同的要素用序号间隔。

四、出港类航班信息广播用语

（一）办理乘机手续类广播用语

1. 开始办理乘机手续通知

前往____①的旅客请注意：

您乘坐的〔补班〕⑩____②次航班现在开始办理乘机手续，请您到____③号柜台办理。谢谢！

Ladies and Gentlemen, may I have your attention please:

We are now ready for check-in for〔supplementary〕⑩ flight ____ ② to ____ ① at counter No. ____ ③.

Thank you.

2. 推迟办理乘机手续通知

乘坐〔补班〕⑩____②次航班前往____①的旅客请注意：

由于〈1. 本站天气不够飞行标准 2. 航路天气不够飞行标准 3. ____①天气不够飞行标准 4. 飞机调配原因 5. 飞机机械原因 6. 飞机在本站出现机械故障 7. 飞机在____①机场出现机械故障 8. 航行管制原因 9. ____①机场关闭 10. 通信原因〉⑪，本次航班不能按时办理乘机手续。〔预计推迟到____⑤点____⑥分办理。〕⑩请您在出发厅休息，等候通知。

谢谢！

Ladies and Gentlemen, may I have your attention please:

Due to 〈1. the poor weather condition at our airport 2. the poor weather condition over the air route 3. the poor weather condition over the ____ ① airport 4. aircraft reallocation 5. the maintenance of the aircraft 6. the aircraft maintenance at our airport 7. the aircraft maintenance at the ____ ① airport 8. air traffic congestion 9. the close-down of ____ ① airport 10.communication trouble〉⑪, the 〔supplementary〕⑩ flight ____ ② to ____ ① has been delayed. The check-in for this flight will be postponed 〔to ____ ⑤:____ ⑥ 〕⑩ Please wait in the departure hall for further information.

Thank you.

3. 催促办理乘机手续通知

前往____①的旅客请注意：

您乘坐的〔补班〕⑩____②次航班将在____⑤点____⑥分截止办理乘机手续。乘坐本次航班没有办理手续的旅客，请马上到____③号柜台办理。

谢谢！

Ladies and Gentlemen, may I have your attention please:

Check-in for 〔supplementary〕⑩ flight ____ ② to ____ ① will be closed at ____⑤:____ ⑥. Passengers who have not been checked in for this flight, please go to counter No. ____ ③ immediately.

Thank you.

4. 过站旅客办理乘机手续通知

乘坐〔补班〕⑩____②次航班由____①经本站前往___①的旅客请注意：

请您持原登机牌到〔____③号〕⑩〈1. 柜台 2. 服务台 3. 问询台〉⑪换取过站登机牌。

谢谢！

Passengers taking 〔supplementary〕⑩ flight ____ ② from ____ ① to ____ ①, attention please:

Please go to the 〈1. counter 2. service counter 3. information desk〉⑪〔No. ____ ③〕

⑩ to exchange your boarding passes for transit passes.

Thank you.

5. 候补旅客办理乘机手续通知

持〔补班〕⑩＿＿②次航班候补票前往＿＿①的旅客请注意：

请马上到＿＿③号柜台办理乘机手续。

谢谢！

Ladies and Gentlemen, may I have your attention please:

Stand-by passengers for 〔supplementary〕⑩ flight ＿＿ ② to ＿＿ ①, please go to counter No. ＿＿ ③ for check-in.

Thank you.

(二) 登机类广播用语

1. 正常登机通知

〔由＿＿①备降本站〕⑩前往＿＿①的旅客请注意：

您乘坐的〔补班〕⑩＿＿②次航班现在开始登机。请带好您的随身物品，出示登机牌，由＿＿④号登机口上〔＿＿⑧号〕⑩飞机。〔祝您旅途愉快。〕⑩

谢谢！

Ladies and Gentlemen, may I have your attention please:

〔Supplementary〕⑩ flight ＿＿ ② 〔alternated from ＿＿ ①〕⑩ to ＿＿ ① is now boarding. Would you please have your belongings and boarding passes ready and board the aircraft 〔No. ＿＿ ⑧〕⑩ through gate No. ＿＿ ④.〔We wish you a pleasant journey.〕⑩

Thank you.

2. 催促登机通知

〔由＿＿①备降本站〕⑩前往＿＿①的旅客请注意：

您乘坐的〔补班〕⑩＿＿②次航班很快就要起飞了，还没有登机的旅客请马上由＿＿④号登机口上〔＿＿⑧号〕⑩飞机。〔这是〔补班〕⑩＿＿②次航班〈1. 第＿＿⑦次 2. 最后一次〉⑪登机广播。〕⑩

谢谢！

Ladies and Gentlemen, may I have you attention please:

〔Supplementary〕⑩ flight ＿＿ ②〔alternated from ＿＿ ① 〕⑩ to ＿＿ ① will take off soon. Please be quick to board the aircraft 〔No. ＿＿ ⑧〕⑩ through gate No. ＿＿ ④. 〔This is the 〈1. ＿＿ ⑦ 2. final〉⑪ call for boarding on 〔supplementary〕⑩ flight ＿＿ ②.〕⑩

Thank you.

3．过站旅客登机通知

前往____①的旅客请注意：

您乘坐的〔补班〕⑩____②次航班现在开始登机，请过站旅客出示过站登机牌，由____④号登机口先上〔____⑧号〕⑩飞机。

谢谢！

Ladies and Gentlemen, may I have your attention please:

〔Supplementary〕⑩ flight ____② to ____① is now ready for boarding. Transit passengers please show your passes and board 〔aircraft No. ____⑧〕⑩ first through No. ____④.

Thank you.

深圳宝安国际机场率先推出登机口智慧寻人服务

2020年8月，深圳宝安国际机场联合中国航信、华为公司和腾讯公司，在国内率先推出登机口智慧寻人服务，由此成为全国首家运用人脸生物识别+AI智能技术寻找旅客的机场。该服务上线后，深圳宝安国际机场可实现精准查找、定位每位登机旅客，主动协助航空公司精准掌握旅客位置等信息。与此同时，在航班预警、催促登机、航延保障、安全布控等多个场景下，能够为航空公司或相关保障单位提供更为实时、精准的技术支持。

据了解，以往出现差客（已安检但未登机的旅客）的情况时，登机口工作人员仅能通过区域性广播和在登机口附近查找的方式寻找旅客，针对性不强、有效性不足。此次智慧寻人服务上线后，当旅客由于各种原因未能及时到达登机口登机时，工作人员通过寻人功能知晓旅客所在位置后，就能在定位区域主动查找旅客，从而最大限度避免旅客漏乘。统计数据显示，通过智慧寻人服务，目前每天可以找回旅客约100人次，旅客漏乘率较之前明显降低。

资料来源：民航资源网，http://news.carnoc.com/list/542/542261.html

（三）航班延误取消类广播用语

1．航班延误通知

〔由____①备降本站〕⑩前往____①的旅客请注意：

我们抱歉地通知，您乘坐的〔补班〕⑩____②次航班由于〈1．本站天气不够飞行标准 2．航路天气不够飞行标准 3．____①机场天气不够飞行标准 4．飞机调配原因 5．飞机机械原因 6．飞机在本站出现机械故障 7．飞机在____①机场出现机械故障 8．航行管制原因 9．____①机场关闭 10．通信原因〉⑪〈1．不能按时起飞 2．将继续延误 3．现在不能从本站起飞〉⑪，起飞时间〈1．待定 2．推迟到____⑤点____⑥分〉⑪。在此我们深表歉意，请您在候机厅休息，等候通知。〔如果您有什么要求，请与〔____③号〕⑩〈1．不正常航班服务台2．服务台3．问询台〉⑪工作人员联系。〕⑩

谢谢！

Ladies and gentlemen, may I have your attention please:

We regret to announce that〔supplementary〕⑩ flight _____ ②〔alternated from ____ ①〕to ____ ①〈1. can not leave on schedule 2. will be delayed to ____ ⑤:____ ⑥ 3. will be further delayed 〔to ____ ⑤:____ ⑥〕⑩ 4. can not take off now 〉⑪ due to 〈1. the poor weather condition at our airport 2. the poor weather condition over the air route 3. the poor weather condition at ____ ① airport 4. aircraft reallocation 5. the maintenance of the ____ ① airport 6. the aircraft maintenance at our airport 7. the aircraft maintenance at the ____ ① airport 8. air traffic congestion 9. the close-down of ____ ① airport 10. communication trouble〉⑪. Would you please remain in the waiting hall and wait for further information. 〔If you have any problems or questions, please contact with the〈1. irregular flight service counter 2. service counter 3. information desk〉⑪〔No. ____ ③〕⑩〕⑩

Thank you.

2．所有始发航班延误通知

各位旅客请注意：

我们抱歉地通知，由于〈1．本站天气原因2．本站暂时关闭3．通信原因〉⑪，由本站始发的所有航班都〈1．不能按时 2．将延误到____⑤点____⑥分以后〉⑪起飞，在此我们深表歉意，请您在候机厅内休息，等候通知。

谢谢！

Ladies and Gentlemen, may I have your attention please:

We regret to announce that all outbound flights〈1. can not leave on schedule 2. will be delayed to ____ ⑤:____ ⑥ 〉⑪ due to〈1. the poor weather condition at our airport 2. the temporary close-down of our airport 3. communication trouble〉⑪. Would you please remain in the waiting hall and wait for further information.

Thank you.

3．航班取消通知（出港类）

〔由____①备降本站〕⑩前往____①的旅客请注意：

我们抱歉地通知，您乘坐的〔补班〕⑩____②次航班由于〈1．本站天气不够飞行标准2．航路天气不够飞行标准3．____①机场天气不够飞行标准4．飞机调配原因5．飞机机械原因6．飞机在本站出现机械故障7．飞机在____①机场出现机械故障8．航行管制原因9．____①机场关闭10．通信原因〉⑪决定取消今日飞行。〔请您与〔____③号〕⑩〈1．不正常航班服务台 2．服务台 3．问询台〉⑪工作人员联系，〔或拨打联系电话____⑨，〕

⑩我们将为您妥善安排。〕⑩

谢谢！

Ladies and Gentlemen, may I have your attention please:

We regret to announce that 〔supplementary〕⑩ flight ＿＿ ②〔alternated from ＿＿ ①〕 ⑩ to ＿＿ ① has been cancelled due to 〈1. the poor weather condition at our airport 2. the poor weather condition over the air route 3. the poor weather condition at the ＿＿ ① airport 4. aircraft reallocation 5. the maintenance of the aircraft 6. the aircraft maintenance at our airport 7. the aircraft maintenance at the ＿＿ ① airport 8. air traffic congestion 9. the close-down of ＿＿ ① airport 10. communication trouble 〉⑪.〔Would you please contact with 〈1. irregular flight service counter 2. service counter 3. information desk〉⑪〔No. ＿＿ ③, 〕⑩〔or call ＿＿ ⑨.〕⑩ We will make all necessary arrangements.〕⑩

Thank you.

4. 不正常航班服务通知

〔由＿＿①备降本站〕⑩乘坐〔补班〕⑩＿＿②次航班前往＿＿①的旅客请注意：

请您到〈1. 服务台 2. 餐厅〉⑪凭〈1. 登机牌 2. 飞机票〉⑪领取〈1. 餐券 2. 盒饭 3. 饮料、点心〉⑪。

谢谢！

Passengers for〔supplementary〕⑩ flight ＿＿ ②〔alternated from ＿＿ ①〕⑩ to ＿＿ ①, attention please:

Please go to 〈1. servce counter 2. restaurant〉⑪ to get 〈1. a meal coupon 2. boxed meal 3. the refreshments〉⑪ and show your 〈1. boarding passes 2. air-tickets〉⑪ for identification.

Thank you.

五、进港类航班信息广播用语

（一）正常航班预告

迎接旅客的各位请注意：

由＿＿①〔、＿＿①〕⑩飞来本站的〔补班〕⑩＿＿②次航班将于＿＿⑤点＿＿⑥分到达。

谢谢！

Ladies and Gentlemen, may I have your attention please:

〔Supplementary〕⑩ flight ＿＿ ② from ＿＿ ①〔、＿＿ ①〕⑩ will arrive here at ＿＿ ⑤:＿＿ ⑥.

Thank you.

（二）延误航班预告

迎接旅客的各位请注意：

我们抱歉地通知，由＿＿①〔、＿＿①〕⑩飞来本站的〔补班〕⑩＿＿②次航班由于〈1. 本站天气不够飞行标准 2. 航路天气不够飞行标准 3. ＿＿①机场天气不够飞行标准 4. 飞机调配原因 5. 飞机机械原因 6. 飞机＿＿①机场出现机械故障 7. 航行管制原因 8. ＿＿①机场关闭 9. 通信原因〉⑪〈1. 不能按时到达 2. 将延误至＿＿⑤点＿＿⑥分〉⑪。

谢谢！

Ladies and Gentlemen, may I have your attention please:

We regret to announce that〔supplementary〕⑩ flight ＿＿ ② from ＿＿ ①〔、＿＿ ①〕⑩ 〈1. can not arrive on schedule 2. will be delayed to ＿＿ ⑤:＿＿ ⑥〉⑪ due to 〈1. the poor weather condition at our airport 2. the poor weather condition over the air route 3. the poor weather condition at ＿＿ ① airport 4. aircraft reallocation 5. the maintenance of the aircraft 6. the aircraft maintenance at the ＿＿ ① airport 7. air traffic congestion 8. the close-down of ＿＿ ① airport 9. communication trouble 〉⑪.

Thank you.

（三）航班取消通知（进港类）

迎接旅客的各位请注意：

我们抱歉地通知，由＿＿①〔、＿＿①〕⑩飞来本站的〔补班〕⑩＿＿②次航班由于〈1. 本站天气不够飞行标准 2. 航路天气不够飞行标准 3. ＿＿①机场天气不够飞行标准 4. 飞机调配原因 5. 飞机机械原因 6. 飞机在＿＿①机场出现机械故障 7. 航行管制原因 8. ＿＿①机场关闭 9. 通信原因〉⑪已经取消。〔〈1. 明天预计到达本站的时间为＿＿⑤点＿＿⑥分 2. 明天到达本站的时间待定〉⑪。〕⑩

谢谢！

Ladies and Gentlemen, may I have your attention please:

We regret to announce that〔supplementary〕⑩ flight ＿＿ ② from ＿＿ ①〔、＿＿ ①〕⑩ has been cancelled due to 〈1. the poor weather condition at our airport 2. the poor weather condition over the air route 3. the poor weather condition at ＿＿ ① airport 4. aircraft reallocation 5. the maintenance of the aircraft 6. the aircraft maintenance at the ＿＿ ① airport 7. air traffic congestion 8. the close-down of ＿＿ ① airport 9. communication trouble〉⑪.〔This flight has been rescheduled to 〈1. tomorrow at ＿＿ ⑤:＿＿ ⑥ 2. arrival time to be determined〉⑪.〕⑩

Thank you.

（四）航班到达通知

迎接旅客的各位请注意：

由____①〔、____①〕⑩飞来本站的〔补班〕⑩____②次航班已经到达。

谢谢！

Ladies and Gentlemen, may I have your attention please:

〔Supplementary〕⑩ flight ____ ② from ____ ①〔、____ ①〕⑩ is now landing.
Thank you.

（五）备降航班到达通知

由____①备降本站前往____①的旅客请注意：

欢迎您来到____①机场。您乘坐的〔补班〕⑩____②次航班由于〈1.____①机场天气不够飞行标准 2. 航路天气不够飞行标准 3. 飞机机械原因 4. 航行管制原因 5.____①机场关闭〉⑪不能按时飞往____①机场，为了您的安全，飞机备降本站。〔请您在候机厅内休息，待候通知。如果您有什么要求，请与〔____③号〕⑩〈1. 不正常航班服务台 2. 服务台 3. 问询台〉⑪工作人员联系。〕⑩

谢谢！

Passengers taking 〔supplementary〕⑩ flight ____ ② from ____ ① to ____ ①,
attention please:

Welcome to ____ ① airport. Due to〈1. the poor weather condition at ____ ① airport 2. the poor weather condition over the air rout 3. the maintenance of the aircraft 4. air traffic congestion 5. the close-down of ____ ① airport〉⑪, your flight has been diverted in our airport for your security. 〔Would you please in the waiting hall and wait for further information. If you have any problems or questions, please contact with the 〈1. irregular flight service counter 2. service counter 3. information desk 〉⑪〔No. ____ ③〕⑩〕.⑩.

Thank you.

六、例行类、临时类广播用语

例行类广播的内容通常是旅客须知和通告等。各机场根据具体情况组织例行类广播，并保持与中国民航局及相关部门的规定一致。

临时类广播的内容一般为一般事件通知和紧急事件通知。各机场可根据实际情况安排临时类广播。当采用临时广播来完成航班信息类播音中未能包含的特殊航班信息通知时，其用语应与相近内容的格式一致。

任务实施

情景模拟——广播催促旅客办理乘机手续

学生根据"任务情景"中提供的相关信息，广播提醒前往上海虹桥国际机场的旅客注意，MU5160 次航班还有 15 min 截止办理登机手续，请乘坐本次航班的旅客马上到 3 号值机柜台办理登机手续。

任务评价

请根据表 5-1 对上述任务实施的结果进行评价。

表 5-1　任务实施监测表

考核内容	分值	自评分	小组评分	教师评分	实得分
以正确的广播用语格式进行播音，并应使用中英文对应播音	50				
广播用语准确、通顺，语气温和、速度适中	50				
总分	100				

自我检测

1．航站楼广播用语分为哪些类别？
2．广播用语格式中的不同符号分别代表什么意思？

任务二　掌握问询与导乘服务技巧

知 识 目 标

★ 掌握机场问询服务的工作要点
★ 掌握机场导乘服务的工作要点

技 能 目 标

★ 能够及时、有效地解答旅客的各种问询
★ 能够妥善地为旅客提供导乘服务

任务情景

李明是机场的一名导乘人员，此时，她发现有一名旅客步履蹒跚地在机场大厅东张西望。李明走上前去询问，得知旅客正要办理值机手续。基于旅客的腿脚不便，李明打算用轮椅协助旅客办理值机手续和登机。

知识讲解

近年来，各个城市相继开通了高铁，与之相比，航空运输虽然有着速度快、节省时间等优点，但由于运输价格昂贵、受天气影响较严重，其发展面临着严峻的挑战。要提高航空运输在交通行业的竞争力，就必须从群众口碑上寻找突破口，用上乘的服务质量吸引乘客，而旅客服务质量是靠每个员工、每个细节来体现的。实践证明，服务质量是一个企业的生命，任何一个岗位的疏忽和轻视都会影响整个企业的整体形象。因此，发挥机场自身拥有的优越性，改善服务质量对航空运输业的平稳发展有着不容小觑的作用。

一、问询服务

在机场的航站楼，通常会提供诸如航班信息、机场交通、航站楼设施的使用等问询服务。问询服务能直接解决旅客在旅行过程中遇到的诸多麻烦，能为旅客解决问题指明方向。

手语问询服务特殊旅客

问询服务实行"首问责任制"。所谓"首问责任制"，即旅客求助的第一位工作人员有责任在第一时间确保准确答复或有效解决问题的前提下提供优质服务，否则，必须将旅客指引到能提供有效服务的部门或岗位。当旅客提出问询服务要求时，由第一位接到信息的工作人员负责接待，对询问事项办理或协助办理的人员或部门为第二负责人，是后续服务的首问责任人。

（一）问询服务的准备工作

工作人员每日应在值机柜台开启前到岗，检查电脑、电话等设施设备是否处于正常状

态，如有故障，应及时报修或调用备用设备，从而确保工作的顺利进行。

问询处应始终有人员在岗，若有特殊情况需要离开，必须在柜台上设置"请稍等"指示牌。问询处的关闭时间，应在最后一个出发航班登机结束后。

工作人员应根据旅客提出的要求及时给予帮助，当遇到无法解决的特殊问题时，应及时向上级汇报。

（二）问询服务要点

根据服务提供的方式的不同，问询服务可以分为现场问询和电话问询。现场问询是指在问询柜台当面向旅客提供问询服务，电话问询是指通过电话的方式向打来电话的客人提供各类问询服务。

1. 现场问询服务要点

工作人员在遇到旅客问询时，应主动站立，5 m 之内与旅客有目光交流，做到表情自然、和蔼亲切，在主动向旅客问好后，应细致、耐心地回答旅客的问题，最后应礼貌地向旅客道别。在回答旅客的问题时，应使用礼貌用语，做到语言简明清晰、语气温和、速度适中，切忌使用专业术语和服务禁语。

2. 电话问询服务要点

接听电话时，铃响应不超过三声。回答旅客问题时，应口齿清晰、简洁明了、语气温和、速度适中、用语规范。切忌使用专业术语和服务禁语。

课堂互动

作为一名机场的问询服务人员，需要具备哪些条件？

二、导乘服务

（一）导乘服务的工作内容

1. 引导旅客办理相关乘机手续

导乘人员一般会在出发大厅，穿着航空公司或者机场的制服，或者佩戴相关的可识别的身份标识，以方便不清楚乘机流程的旅客或者遇到困难的旅客能够及时找到他们询问相关问题，如关于购票、办理登机牌、行李打包、托运行李、购买相关物品等的问题。

2. 帮助旅客使用新的设备设施

若机场进行了装修，或者引进了新的设备设施，旅客不清楚相关变化或者不会使用相关设备，航空公司和机场就应专门安排导乘人员给予旅客协助。例如，以前的机场都是人工值机，当机场新增加了自助值机设备，很多旅客不会使用，这时就应有导乘人员站在自助值机设备前协助旅客操作，如图 5-2 所示。

图 5-2　导乘服务

3. 带领特殊旅客服务

对于行动不便的老人和不能携带自己的轮椅登机的轮椅旅客，机场会提供轮椅服务，出发时从值机柜台到登机口，到达时从登机口到接机大厅，都有导乘人员提供服务。无人陪伴儿童需要全程的陪伴和照顾，导乘人员也需要在值机柜台接送无人陪伴儿童到登机口，下机时送到接机大厅里与监护人交接。

4. 隔离区的引导服务

旅客通过安检后进入机场隔离区候机，此时，导乘工作的主要内容是协助旅客寻找登机口。如果旅客需要机场的其他服务，如购物、餐饮、洗手间、热水等，导乘人员可引导旅客到相关的地点。此外，导乘人员要引导头等舱旅客到头等舱休息室休息。

5. 到达引导服务

到达引导服务指引导旅客提取行李，出机场。

6. 经停、中转和联程引导服务

在下机时，导乘人员需要协助登机口服务人员对旅客进行分流。如果是经停，应引导需要继续乘机的旅客在候机厅休息等候，下一航段登机时，安排经停旅客优先登机。如果是中转联程，在下机时需要引导旅客去中转柜台办理相关手续。

7. 帮助遇到困难的旅客

（1）身份证丢失的旅客。如果旅客在机场内发现身份证丢失，可凭相关证明（包括户口本、丢失证明等），到机场派出所或者民警值班室申请办理临时身份证明。

（2）登机牌丢失的旅客。如果旅客在办理登机牌后不慎将其遗失，导乘人员应协助乘客寻找，如果确实丢失，导乘人员可带领旅客到特殊服务柜台或者主任柜台重新办理登机牌。

（3）行李丢失或者行李破损。导乘人员应引导旅客到行李查询柜台进行查询。

（4）家人走失。导乘人员应通知广播室进行广播，协助旅客进行寻找。

（二）导乘人员的要求

导乘工作和其他地面服务工作的不同之处在于，其他地面服务工作有固定的工作流程或固定的操作程序，而导乘工作是主动去发现需要帮助的旅客，主动为旅客提供服务，遇到的问题也是多样的，要求工作人员具有主动性和灵活性。在工作的过程中，导乘人员应做到以下几点。

（1）熟悉机场的布局和设备设施，熟悉地面服务各个岗位的职责和工作内容，熟悉客货运输条件和航空公司的运输规则，熟悉机场安全运营规则，熟悉安检要求，熟悉相关的法律法规，熟悉城市交通和旅游相关信息，学习服务心理学和急救知识等。

（2）对于寻求帮助的旅客，必须提供相关的服务，帮助其进行解决，不能解决则可以寻求其他部门的帮助，不能用"不知道、不清楚"等搪塞旅客。

（3）对于值机或者登机口服务人员提出的帮助需求要积极地予以回应和帮助。

（4）为旅客服务时注意礼仪姿势和礼貌用语。

南京禄口国际机场发布"宝贝乘机"全指南

近日，南京禄口国际机场发布了"宝贝乘机"全指南，不仅可以为带儿童的家庭旅客优先办理乘机手续，还会为无成人陪伴的儿童提供全流程"特别服务"。

在 T2 航站楼内，活跃着一批身着绿色马甲的"无忧畅行"工作人员，他们随时为儿童等特殊旅客提供细致周到的服务。年龄在 5～12 周岁的无成人陪伴、单独乘机的"无成人陪伴儿童"，不仅有机场工作人员作为"爱心妈妈"全程陪伴，负责安检、候机、登机等流程，还可以在玩具、书籍丰富的"无成人陪伴儿童"休息区内阅读、玩耍。南京禄口机场还特别推出"微信瞬间"服务，在问讯处、登机口、舱门口为无成人陪伴儿童拍照，通过微信发给家长，实时向家长报告候机动态。遇到不正常航班时，机场工作人员会在第一时间联系无成人陪伴儿童的家长，告知航班情况。

资料来源：民航资源网，http://news.carnoc.com/list/495/495177.html

情景模拟——为旅客提供导乘服务

实施步骤：

1．教师将学生分为两人一组，分别扮演机场导乘人员李明和需要帮助的旅客。

2．根据"任务情景"中提供的相关信息，导乘人员协助行动不便的旅客办理值机手续。

任务评价

请根据表5-2对上述任务实施的结果进行评价。

表5-2　任务实施监测表

考核内容	分值	自评分	小组评分	教师评分	实得分
主动询问旅客，了解旅客的诉求	20				
针对旅客的诉求给予耐心和详细的说明	30				
借用轮椅，协助旅客到达值机柜台或自助值机设备处办理手续	30				
站姿规范，保持甜美微笑，吐字清晰，声音洪亮	20				
总分	100				

自我检测

1．旅客问询服务的工作要点有哪些？
2．导乘人员的要求有哪些？

任务三　掌握突发与意外伤害事件的处理方法

知 识 目 标 --

★ 掌握航站楼突发事件的类别及处理方法
★ 掌握旅客意外伤害事件的处理方法

技 能 目 标 --

★ 能够针对不同的突发事件采取应对措施
★ 能够对旅客意外伤害事件进行及时、有效的处理

任务情景

某个夏日，由于北京连日大雨，造成当天近百次航班延误或取消。此时你负责维护候机大厅的旅客秩序以及提供必要的服务，你将如何进行处理？

一、突发事件

（一）非法干扰类

非法干扰类的突发事件包括爆炸物威胁、无人认领的可疑物品、匿名电话恐吓、非法集会及冲闯安检现场等。

这些突发事件的危害主要表现在以下几个方面：① 扰乱航站楼的正常运转秩序，严重时还会导致整个航站楼的运行中断；② 造成严重的恐慌，事态扩大会造成严重的边际影响效应；③ 造成人员伤亡和财产的损失；④ 航空运行空中环节的安全受到严重威胁，危及人员安全，并因此对航空器的运行造成威胁。

减少非法干扰影响的途径包括早发现和及时处理，早发现有利于将干扰事件控制在萌芽状态；及时处理并采取最佳处理方式，有利于减小突发事件的影响。

1. 航站楼遭爆炸物威胁

工作人员应该立即报告机场运行控制中心或通知机场公安分局指挥中心，准确告知相关内容（地点，爆炸物外形，报告人的姓名、单位、电话等）。随后，工作人员应该保护现场，不要移动爆炸物，也不要让其他人靠近。当有关人员到达现场后，将发现过程尽可能详细地进行汇报。

2. 无人认领的可疑物品

工作人员应该立即报告机场运行控制中心。然后，工作人员不要移动无人认领物品，也不要让其他人员接近，当有关人员到达现场后，将发现过程尽可能详细地进行汇报。

3. 匿名电话恐吓

工作人员应该立即记录来电时间和来电号码（若有来电显示），对方的性别、年龄（大概），电话内容和恐吓要求。尽量多与对方通话，了解更多信息。在可能的情况下，应同时拨打公安分局指挥中心电话。随后，工作人员应该立即通知机场运行控制中心或公安分局指挥中心。

4．航站楼非法集会

工作人员应当立即报告机场运行控制中心获得信息的途径，非法集会可能发生的时间、地点，可能参加的人数以及集会内容（包括集会的目的和想要达到的要求）。

5．冲闯安检现场

冲闯安检现场多发生于航班延误时，旅客往往情绪激动、焦躁不安，当发生冲闯安检现场时，工作人员应立即报告机场运行控制中心。

随后，工作人员应该劝说冲闯旅客，但不要产生正面冲突、避免激化矛盾；增加工作人员，协助安检、公安人员维持现场秩序。

机场该如何应对"疯狂的粉丝"

据报道，某明星团体到达上海虹桥机场时，现场成千上万的"粉丝"过于热情，将自动人行道一侧的扶手玻璃挤爆。无独有偶，在杭州萧山机场，"粉丝"为了近距离地接触偶像，疯狂前拥，结果导致机场接机大厅前的玻璃防护栏被硬生生挤碎，不少人受伤。

为此，民航局发布了《关于加强粉丝接送机、跟机现象管理的通知》。通知着重强调了以下 3 点：一是防止泄露知名旅客信息；二是要强化机场秩序，避免粉丝大量聚集；三是杜绝粉丝机上扰乱秩序的行为。

对机场管理方而言，除了以民航局文件的方式约束内部从业者，加强对乘客出行信息的保密工作，还应该有更加积极、主动的风险防控与预警机制，有完备的提前风险预案。公众人物的出行大数据，机场有保密的义务，同时也应有风险预判的责任。

（二）系统运行类

系统运行类突发事件包括大面积停电、弱电系统故障及大面积延误等。

1．大面积停电

首先，工作人员应该立即报告机场运行控制中心。随后，工作人员应该为旅客做好解释，维护现场秩序，防止发生意外，遇有紧急情况立即报告。

2．弱电系统故障

工作人员应该经当日值班经理通报机场运行控制中心并说明故障的现象、发生的时间，以及都做了哪些恢复操作，然后按要求转入备份系统。随后，工作人员应该向旅客说明情况、安抚旅客情绪，待系统正常后，及时为旅客服务。

3．航班大面积延误

航班大面积延误一般是由雨、雪、雾、沙尘暴等恶劣天气引起的，当遇到航班大面积

延误时，工作人员应该及时向旅客通报信息，并了解航班的最新动态，以便及早作出必要的调整。同时，工作人员应该为旅客提供必要的服务，并安抚旅客情绪。

（三）灾害类

灾害类突发事件包括航站楼失火、地震等。

1. 航站楼失火

工作人员应该立即实施灭火并报警。与此同时，工作人员应该保护贵重物品、协助疏散旅客、安抚旅客，并提供必要的服务。当火被扑灭，现场安全后，工作人员应组织旅客返回。

2. 地震

若地震发生前有事先预报，工作人员应该服从相关部门、人员的统一指挥和统一行动。若地震非事先预报，工作人员应该保护贵重物品、协助旅客疏散、引导救护人员，并组织好疏散出来的旅客。

课堂互动

当航站楼产生突发事件时，旅客多会有焦虑、烦躁、恐慌等不良情绪出现，此时应如何对旅客进行安抚？你有哪些小妙招？

二、旅客意外伤害事件

当旅客意外伤害事件发生时，工作人员应保持镇静，并设法维持好现场的秩序，不要轻易搬动伤员。现场处置时，应请值班人员或急救人员到达现场，如无急救常识，不能随意进行处置。发生旅客意外伤害事件后，现场提供救助为第一原则，不可随便为旅客作出承诺。

（一）摔伤

此类伤害发生概率最大，原因多种多样，如地面湿滑、电梯意外等，也有难以确认原因的情况。

在碰到有旅客乘坐扶梯堵塞出口时，工作人员应善意提醒前方旅客不要阻挡后面旅客，以防摔倒；若看到地面有液体遗洒，工作人员应及时寻找附近的保洁员清理地面；如果看到已经有旅客摔倒，工作人员应及时上前进行帮助，并及时通知航站楼值班人员前往现场进行处理。

（二）设备设施伤害

此类伤害发生的概率较小，一般为儿童在看管不当的情况下发生误伤。碰到有旅客带领孩子乘机，工作人员应注意提醒旅客看管好小孩，勿使孩子在设备周围乱跑、乱碰，以免发生伤害事件；如果发生伤害事件，工作人员应立即通知航站楼值班处或急救中心。

任务实施

情景模拟——航班大面积延误的处理

实施步骤：

1. 教师将学生分为 4 人一组，分别扮演机场工作人员和 3 位不同性格但都急于不能按时登机的旅客。

2. 根据"任务情景"中提供的相关信息，工作人员为旅客提供必要的服务，并安抚旅客情绪。

任务评价

请根据表 5-3 对上述任务实施的结果进行评价。

表 5-3　任务实施监测表

考核内容	分值	自评分	小组评分	教师评分	实得分
航班延误/取消原因解答，以及最新航班动态告知	50				
安抚旅客情绪，语气亲切、友善，满足旅客的客观需要	50				
总分	100				

自我检测

1. 航站楼突发意外事件有哪两大类？

2. 如何预防和处理旅客意外摔伤事件？

民航之窗

脚踏实地，默默奉献——地服新青年，用热爱铺就前行之路

李超，乌鲁木齐航空地面服务部运行保障中心副经理，自 2016 年 8 月入职以来，恪尽职守、任劳任怨，面对困难勇挑重担，对同事真诚相待、倾囊相助。

作为地面服务部运行保障中心副经理，李超始终将精力放在工作上，一步一个脚印地做好每一件事。

2020 年的一个寒冬之夜，李超忙完一天的工作，回到家中正要休息时，接到地面服务部发来的一条通报航班延误信息的短信。知晓"航班延误，旅客滞留"的情况后，李超坐不住了，立刻回到一线，和当班的同事并肩作战，一直忙碌到深夜。

在生活中，李超为人仗义、乐于助人，每当客服席有新人加入，他总是亲自指导新人学习业务知识，主动引导新人熟悉同伴，以帮助他们更好更快地融入客服席大家庭之中。李超关心每一名同事，能设身处地为同事考虑，帮助同事解决各种困难。

把简单的事情做好就是不简单，把重复性的工作做好就是不平凡。疫情防控期间，李超主动留守单位，坚守在基层第一线，全力保障复工复产包机任务。他视疫情为命令，以防控为己任，担起了职责与使命，被评为"疫情防控期间工作突出个人"。

每个人都有自己的爱好与梦想，有人喜欢漫步云端、直面旅客的空乘生活，有人喜爱脚踏实地、默默保障的地面工作，李超无疑是后者。在地面服务部运行保障中心的小世界里，他时刻牢记初心、不忘使命，用实际行动诠释着民航人的责任与担当。

资料来源：中国民用航空网，

http://www.ccaonline.cn/tuijian-hangqitongxun/667116.html

项目学习效果综合测试

一、选择题

1. 以下选项不是广播用语的要求的是（　　　）。
   A. 使用专业术语　　　　　　　　B. 准确表达主题
   C. 规范使用格式　　　　　　　　D. 声音高亢洪亮

2. 出港类广播信息不包括（　　　）。
   A. 办理乘机手续类　　　　　　　B. 正常航班预告类
   C. 航班延误取消类　　　　　　　D. 登机类

3. 问询服务人员若有特殊情况需要离开问询处，必须在柜台上设置（　　　）。
   A. "请稍等"指示牌　　　　　　　B. "暂停服务"指示牌
   C. "请至其他柜台"指示牌　　　　D. "停止服务"指示牌

4. 以下选项不是导乘服务工作内容的是（　　　）。
   A. 帮助旅客使用新设备　　　　　B. 到达引导服务
   C. 办理乘机手续　　　　　　　　D. 带领特殊旅客服务

5. 以下不是系统运行类突发事件的表现的是（　　　）。
   A. 大面积停电　　　　　　　　　B. 弱电系统故障
   C. 大面积延误　　　　　　　　　D. 航站楼失火

二、填空题

1. 广播用语的类型以播音的_____和_____来区分。

2. 航班信息类广播用语分为_____广播用语和_____广播用语。

3. 问询处的关闭时间，应在_____。

4. 问询服务可以分为_____和_____。

5. 航站楼突发事件包括_____事件、_____事件和_____事件。

三、简答题

1. 航班信息广播用语的格式由哪些因素组成？

2. 什么是"首问责任制"？

3. 导乘服务的工作职责有哪些？

4. 非法干扰类的突发事件有哪些危害？

5. 当遇到旅客意外伤害事件发生时，应如何处理？

项目六

机场商业服务与管理

::::: 项目导读 ::::::::::::

　　机场不仅要为旅客提供安全、顺畅和舒适的出行服务，还要随着旅客需要的升级不断完善商业服务。曾经单一、零碎的机场商业模式，已逐步形成了将购物、餐饮、休闲、娱乐及机场保障融为一体的机场商业新模式。

::::: 学习目标 ::::::::::::

- ↗ 熟悉机场购物及餐饮服务
- ↗ 掌握机场交通及医疗服务
- ↗ 熟悉机场的其他商业性服务

::::: 素质目标 ::::::::::::

- ↗ 培养集体荣誉感和团队协作精神，提升灵活应变能力
- ↗ 增强严守法规意识和安全责任意识，培养敬畏规章的职业操守

任务一　熟悉机场购物及餐饮服务与管理

知 识 目 标

★ 熟悉机场购物及餐饮服务与管理的内容

技 能 目 标

★ 能够根据旅客需要提供相应的购物及餐饮服务

任务情景

　　李女士来香港出差，3天的工作满满当当，行程非常紧张。她听闻香港是"购物的天堂"，却一直没有时间买东西，感觉非常遗憾。最后一天她匆匆结束工作来到机场，办完值机手续，通过安检后，离登机还有 3 h。她打算利用这个时间吃个饭、买点免税商品。机场能否满足她的这些需求呢？

知识讲解

一、机场购物服务与管理

　　随着机场的国际化发展趋势及旅客数量的增加，机场航站楼的功能也愈发多样化，其不仅具备供旅客候机休息的基础功能，也越来越成为旅客休闲购物的重要场所。旅客吞吐量的逐步增长，聚集了众多国际航线的枢纽机场商业开发优势越来越明显，有的大型枢纽机场甚至成了购物胜地。一些旅客将机场购物直接列入了行程中重要的内容之一。根据机场航站楼的面积、功能划分及设计特色，机场航站楼一般开设有免税店、食品店、服装服饰店、工艺品店、书店、玩具店、皮具店、鲜花礼品店、药店等，可以满足旅客的各类购物需要。

（一）免税店

　　免税店是指经海关总署批准，由经营单位在中华人民共和国国务院或其授权部门批准的地点设立符合海关监管要求的销售场所和存放免税品的监管仓库，向规定的对象销售、

供应免税品的商店。2017 年 12 月 1 日实施的《公共服务领域英文译写规范》规定免税店的标准英文名为 Duty-Free Store。

按照销售渠道的不同，免税店可分为机场免税店、航空公司机上免税店、边境免税店、外轮供应免税店、火车站免税店、客运站免税店、市内免税店、外交人员免税店、邮轮免税店等。其中，机场免税店为主要销售渠道，旅客可以在航站楼内购买国际品牌免税烟、酒、化妆品、皮具、表、中国名优特产等，免税店一般设在国际候机区以及国际到达厅。图 6-1 为某国际机场免税店。

图 6-1　某国际机场免税店

每个国家或地区免税店的购物方式都不太一样。例如，在韩国和日本的机场免税店购物，旅客需要提供护照和回程机票，且韩国机场免税店有金额限制；在我国香港的机场免税店购物则不需要任何手续；在欧洲的机场免税店购买商品，旅客可凭发票在机场退税；在美国的机场免税店购物，旅客需在登机口领取商品等。

我国购物离境退税政策与离岛免税政策

政策概念

离境退税政策是指对境外旅客在退税定点商店购买的随身携运出境的退税物品，按规定退税的政策。离岛免税政策是指对乘飞机离岛（不包括离境）旅客实行限次、限值、限量和限品种在离岛免税店内购买免税进口物品，在店内付款，在机场隔离区提货离岛的税收优惠政策。

享受对象

离境退税政策适用对象是在中国境内连续居住不超过 183 天并乘飞机离境的外国人和港澳台同胞。离岛免税政策享受对象是在海南乘飞机离岛不离境的中外旅客。

消费物品

离境退税政策商品品种是除食品、烟酒等商品以外的 21 大类含税个人消费品（国家限制出口的除外）。离岛免税政策限定为 18 大类进口免税品。

监管流程

离境退税政策的基本流程是境外旅客在指定退税商店购物并申请退税，本人携带退税物品在离境时经海关验核确认，退税代理机构退税。离岛免税政策的基本流程是离岛旅客在离岛免税店内付款，在机场隔离区提货离岛。

课堂互动

查一查享受离境退税政策的 21 大类含税个人消费品及离岛免税政策限定的 18 大类进口免税品分别是哪些？

爱岗敬业 AIGANG JINGYE

细心、贴心，让消费者收获更多美好体验

"您是直接带走还是选择邮寄？""航班信息已核对完成，身份证请收好。""这是送给您的小礼品！"……2021 年 2 月 13 日，大年初二，在海口美兰国际机场免税店（以下简称机场免税店）某化妆品专柜，导购员小李正站在收银台后为顾客服务。

与往常一样，小李和同事们身着工装、站姿挺拔、面带笑容，接待着前来购买免税商品的顾客。与往常不同，为顾客买完单后，她们会将免税商品和节日祝福同时递出——"感谢选购，祝您新年快乐！"

"今年春节号召就地过年，我也响应号召，和同事们一起在岗位上迎新春。"小李的家在黑龙江省佳木斯市，在她看来，就地过年既是为了防疫需要，更是为了将来能够更加安心踏实地团圆。春节期间，机场免税店共有 898 名工作人员在岗过年。身为其中的一员，小李觉得自己和大家一样，没什么特殊。

当春节遇上防疫，没有如期而至的客流高峰，却有毫不放松的防控工作。"导购员对客服务，每天上岗前都需要进行体温测试、健康码打卡，还需要定期配合机场做核酸检测。"小李说，她已习惯佩戴手套和口罩上岗，并按要求定期对公共区域进行消毒。

春节期间，机场免税店也推出系列购物优惠活动让利消费者。"专柜内部分商品低至 75 折，像这盒修护套装原价是 2 506 元，折后只需 1 880 元，优惠力度很大。"小李一边拿起货架上的商品，一边熟练地向顾客介绍。

　　　无论是重复细致的防疫工作，还是充满诱惑力的优惠活动，都是为了给消费者提供一个放心、舒畅的购物体验。"店员不仅提示我佩戴好口罩，买完单还赠送我一瓶小样作为礼品，贴心！"刚在收银台结完账的湖北旅客刘女士，用"细心、贴心、开心"形容自己的购物之旅。

　　　"特殊的年份有特殊的回忆，在新的一年我有个小目标，希望能当一名'明星销售员'，让消费者在'买买买'过程中有更多美好体验。"看着顾客满意而归，是小李和同事们在工作中最有获得感的时刻，而在岗位上过年，不少顾客的一声"新春快乐！"，也让她和同事们心头暖暖的。

资料来源：北青网，https://t.ynet.cn/baijia/30384239.html

（二）食品店

　　航站楼内的食品店多为便利店、小型超市和特产专卖店，主要为候机旅客提供便于携带和直接食用的食品，如零食、饮料、水果和特色食品等。其中，当地特色食品尤其受到旅客的青睐，如呼和浩特白塔机场售卖的奶制品、牛肉干，武汉天河机场售卖的卤鸭脖、武昌鱼，西安咸阳机场售卖的牛羊肉泡馍等。旅客若不愿去机场餐厅用餐，可以选择购买一些零食或方便食品在登机口休息时食用。

新闻台

一瓶酒带火一座新机场　茅台机场 20 天出港人数近 4 万

　　地区机场的经营发展一直是个难题，而一座新开航的支线机场更是要做好很长一段时间都处于市场培育期的准备。不想，贵州遵义茅台机场却一反常态。2017 年 10 月 31 日，茅台机场正式开航，在短短 20 天的时间里已经迎客近 4 万，首批 12 座城市飞往茅台机场的航班机票也是一路高涨，不少航线更是一票难求。很多旅客都是冲着"国酒茅台"专程打一次飞的前去茅台机场买酒。不得不说，是一瓶酒带火了一座机场。据统计，截至 2017 年 11 月 20 日，茅台机场累计起降航班 380 架次，旅客出港人数 12 463 人，入港人数 14 964 人，旅客过站 10 428 人，共计进出港人数 37 855 人。对比公开的贵州省内支线机场旅客吞吐量，茅台机场 20 天的旅客吞吐量接近或超过省内部分其他支线机场的半年数据。

资料来源：中国民航网，
http://www.caacnews.com.cn/1/5/201711/t20171123_1234881.html

（三）服装服饰店

机场是时尚的聚集地，其航站楼吸引了众多服装服饰品牌，售卖衣服、鞋、箱包等，能够满足旅客不同层次的服装服饰需要。其中，不仅有国际知名品牌，还有具有当地文化特色的服饰，具有一定的纪念价值，如四川成都双流国际机场售卖的印有熊猫元素的服装、海南三亚凤凰国际机场售卖的传统岛服，以及少数民族地区售卖的民族特色服装等，不仅可以供旅客自买自用，作为礼物也是一个很好的选择。

（四）工艺品店

有些机场航站楼内设有工艺品店，主要售卖旅游纪念品、工艺美术品、玉器、字画、瓷器、木雕和丝绸制品等。这些工艺品大多结合了地方特色和文化，有较高的收藏和纪念价值，如杭州萧山国际机场开设有丝绸制品商店，珠海金湾国际机场开设有木雕工艺品商店等。再如，南非是世界上最大的鸵鸟产地，鸵鸟蛋可以加工成各种工艺品，南非的约翰内斯堡机场中就有几家店铺出售鸵鸟蛋加工成的工艺品，深受旅客喜爱，如图6-2所示。

图 6-2　南非约翰内斯堡机场售卖的鸵鸟蛋工艺品

景泰蓝工艺品店入驻首都机场 T3 航站楼

景泰蓝又称"铜胎掐丝珐琅"，距今已有 600 多年的历史，是最具北京特色的传统手工艺品之一，它采用金银铜及多种天然矿物质为原材料，集美术、工艺、雕刻、镶嵌、玻璃熔炼、冶金等专业技术为一体，古朴典雅，精美华贵，具有鲜明的民族风格和深刻的文化内涵，被称为国宝京粹，入选首批国家级非物质文化遗产名录。

首都国际机场的景泰蓝工艺品店位于三号航站楼，毗邻 C27、C28 号登机口，客流量大。开业当天，其销售额就达到了 3 万余元。

　　景泰蓝工艺品店的引进，进一步丰富了首都国际机场航站楼内的商品品类，满足了旅客对该类商品的购物需求，也使得中国的传统文化艺术在"中国第一国门"得到了展示和传播。

资料来源：民航资源网，http://news.carnoc.com/list/217/217021.html

（五）书店

　　候机时间及飞行时间恰好是适合阅读的时间。全球各大机场分布着各类书店，国内机场书店以中信书店、逸臣书店、蔚蓝书店、林顿书屋、汇智光华书店等为主要代表。这些具有代表性的机场书店主要集中在北上广三大复合型枢纽机场，以及深圳、杭州、西安、南京等一线或者准一线区域枢纽机场和干线机场。机场书店根据机场客流的特点，为出行的旅客挑选了经济管理、成功励志、人物传记、互联网创业等读物及高端时尚类杂志等。

　　放眼世界各国的机场，也有一些各具特色的书店。Times Travel 书店在新加坡樟宜机场有 5 家，主要销售全球畅销书籍、最新报刊、旅行小说、语言指南和旅行必需品。韩国仁川机场的 K books 是京仁文库旗下的连锁书店，销售历史、宗教、经济、人文等各类书籍和杂志，以及一些外出必备用品，如充电器、转换头、耳机、耳塞等。Book Store 是法兰克福机场最大的书店，出售原版德文杂志及欧洲一流的时尚期刊。荷兰史基浦机场直接打造了图书馆，是全球首家永久性机场图书馆，旅客只要持有机票就可以进入，如图 6-3 所示。

图 6-3　荷兰史基浦机场图书馆

中信书店：千店千面不改其宗

　　中信书店是一家机场店、城市店、电商三线出击的连锁书店。中信书店总经理、总编辑坦陈："这样做的挑战非常大，经营上要面对完全不同的竞争环境和经营环境，需搭建多条供应链系统和服务内容。如何用内容定义出中信书店的核心读者，如何让各条零售线能在一个大环境中互相借力，就要既撒得开，也要互为穿插，避免单一线条的执着，造就书店系统的弹性和可扩展性，深度植入高适应性的书店基因，千店千面，而不改其宗。"

中信书店机场店分布于海口、深圳、厦门、杭州、郑州、大连、西安、济南、合肥等地。谈及中信书店缘何以机场为开店切入点，中信书店总经理、总编辑说："高度密集的人流，以及商旅客人的旅行阅读需求，是一个自然存在的刚需市场，以图书作为内容筛选，我们在其中搜寻和捕获了结构性人群，他们是最为活跃的中国经济发展的主流人群。"她介绍，据中信书店的微信公众号数据显示，其会员大多来自机场，"他们接收到了跟机场书店不同的图书内容和信息，自然地转成了电商用户，也成为北京、深圳等地城市店的常客。"机场里的中信书店成为忙碌的商务人群唯一逛书店的机会，有人甚至会因此提前半个小时抵达机场。

资料来源：新华网，http://www.xinhuanet.com/book/2017-10/31/c_129729444.htm

（六）其他零售店

机场航站楼内一般还分布有玩具店、皮具店、鲜花礼品店、电子产品店以及药店等。尤其是大型枢纽机场，其零售店的种类更为丰富，机场航站楼俨然已成为大型购物综合体。

"玩转全球免税"小程序让机场购物更轻松

机场一直是旅客的"购物圣地"，但来去匆匆的旅程和安检流程却让购物体验大打折扣。旅购（上海）信息科技有限公司推出的首个机场免税店购物小程序"玩转全球免税"（见图6-4），率先实现了"手机预订、机场提货"，让机场购物更轻松。

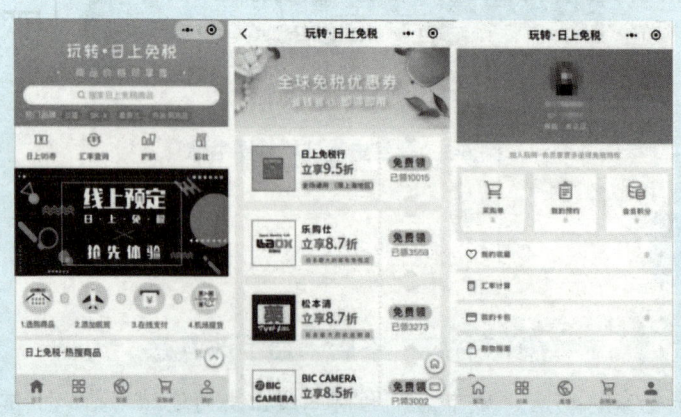

图6-4　"玩转全球免税"小程序页面截图

　　旅客通过搜索或扫描小程序码进入小程序后，就能查看商品是否有售，避免"白跑一趟"。在添加航班后，还可以使用微信支付下单付款，直接到机场提货即走，无需重复排队，为旅客带来更加高效、便捷的机场购物服务。

　　"玩转全球免税"小程序还提供了日本、泰国、中国台湾等机场免税店优惠券，旅客领取后即可到指定的机场及市内免税店使用，让线下购物也享有更多乐趣。此外，"汇率查询""护肤""彩妆"等小工具，还可以帮助旅客快速计算汇率、查询商品，让旅客的机场购物之旅更加舒适。

　　作为"微信智慧机场社区"的建设典范，腾讯公司与上海机场除了致力改善旅客的机场购物体验外，还不断助力机场零售商户提高服务品质及竞争力。"玩转全球免税"小程序以上海机场免税店为切入点，构建了整套基于机场零售商户的一站式服务平台。借助小程序，机场商户能够在线进行商品及库存展示，并通过微信支付完成订单收款及退款管理，同时，预订配送、扫码取货、会员系统管理等多样操作，都能够在小程序上快速完成，极大地降低了机场商户的人力投入。

　　此外，具备即用即走、轻量便捷等优势的小程序，不仅能够更高效地连接旅客与机场商户，还能通过微信生态传播及好友分享，解决机场消费场景低频、客户黏性不足等痛点。

　　旅购科技团队透露，"玩转全球免税"小程序将在用户层面为旅客提供更多样的增值服务，未来可以使用购物累计的会员积分兑换如贵宾休息室、CIP快速通道、餐饮优惠等会员权益。

资料来源：搜狐网，http://www.sohu.com/a/237709469_223764

二、机场餐饮服务与管理

　　机场可提供的餐饮服务内容比较丰富，一般设有西式快餐、中式快餐、休闲茶艺、咖啡、特色风味餐饮等多种餐饮品类。我国大型枢纽机场如首都国际机场、上海浦东国际机场、广州白云国际机场、成都双流国际机场等还引入了肯德基、麦当劳、赛百味、永和豆浆、星巴克等国际著名餐饮连锁品牌，实现了高、中、低的价格体系全覆盖，可以满足不同旅客的就餐需要。

咸阳国际机场的商业特色

　　为了让旅客足不出机场就可以享受到当地美食，一些机场还进驻了部分本土化特色餐厅。例如，广州白云国际机场2号航站楼吸引了一批广式餐饮名店进驻，旅客不出机场就能尝到地道的广府美食，不仅有陶陶居、广州酒家、惠如楼等老字号，还有银记肠粉、靠得住、满记甜品等特色广式小吃。

品味海派饮食文化　上海传统美食亮相浦东机场

"舌尖上的浦东机场"系列美食文化活动之一的"上海传统美食秀"在浦东国际机场拉开帷幕。该活动为期1个月，旨在通过具有上海传统特色的美食资源，结合航站楼众多餐厅内的佳肴，打造独特的浦东机场航站楼美食文化。

活动期间，"上海人家""雅品小弄堂"等机场多家餐饮商户均推出了美食菜肴及精致点心，参与此次海派小吃美食展。同时，梅龙镇、乔家栅、冠生园、红房子、老大昌等12家上海人耳熟能详的传统美食代表品牌，也携带各自最具代表性的传统美食参展。此外，多位沪上知名老字号大厨应邀现身，进行传统美食的还原及其烹饪。不仅如此，活动展区里也再现了诸多美食老字号商标原件和实物藏品，让旅客们在一饱口福的同时，还能穿越历史，了解它们背后的故事和文化。

资料来源：人民网，http://sh.people.com.cn/GB/n2/2018/0412/c134768-31453257.html

此外，随着旅客消费水平的升级，很多机场在满足旅客的基础需求之上，通过别致的餐厅设计、独特的菜品供应，积极打造更高级的餐饮服务，让旅客的候机用餐时间也变成了一种享受。例如，德国慕尼黑国际机场拥有全世界唯一一家设在机场的啤酒厂，旅客可以在这里参观啤酒的酿造过程，而后品尝新鲜酿制的啤酒。美国洛杉矶机场的Drink LA 餐厅是一个追求开创性新理念的机场酒吧餐厅，它位于新汤姆·布莱德利航站楼大堂一隅，供应精品葡萄酒、精酿啤酒、经典鸡尾酒和精美小菜。除此之外，它的视野极佳，在这里用餐能将整个航站楼的美景尽收眼底，也极大地提升了旅客的用餐体验，如图6-5所示。

图 6-5　美国洛杉矶机场的 Drink LA 餐厅

除餐饮设施别具特色外，机场餐饮部门也在利用信息化手段提高服务效率，减少旅客排队点餐、等餐、支付的时间。很多入驻机场的商家上线了自行开发的 App、微信小程序、公众号等，实现了免排队线上点餐、快捷支付等服务，极大地提高了服务效率。另外，机场餐饮服务也会根据旅客的需求提供个性化的升级服务。例如，香港国际机场敏锐地发现了旅客健康、环保的饮食潮流，遂联同餐饮品牌，积极推动低碳饮食文化，机场有众多餐厅可为旅客提供丰富的素食选择。

课堂互动

你还知道国内外的机场在餐饮服务方面有哪些特色？请与同学们讨论交流。

国内外大型机场商业服务调查

实施步骤：

（1）教师组织学生分成若干组，每组 4～5 名学生。

（2）学生收集国内外大型枢纽机场的购物服务、餐饮服务相关资料，分析各机场购物、餐饮服务的优点和待改进之处，并对优化我国机场购物、餐饮服务提出建议。

（3）学生以组为单位，以 PPT 的形式进行汇报。

根据表 6-1 对上述任务实施的结果进行评价。

表 6-1 任务实施检测表

考核内容	分值	自评分	小组评分	教师评分	实得分
任务资料收集丰富，分析深入、逻辑清晰	40				
PPT 制作美观，表达流畅、观点明确	40				
小组协作良好，组员参与度高	20				
总分	100				

自我检测

1. 机场购物服务与管理有哪些内容？
2. 机场餐饮服务与管理有哪些内容？

任务二　掌握机场交通及医疗服务与管理

知　识　目　标

★ 掌握机场交通及医疗服务与管理的内容

技　能　目　标

★ 能够根据旅客需要提供交通咨询服务
★ 能够为旅客提供医疗引导服务

任务情景

　　张先生乘飞机去云南旅游，在取行李的时候不小心划伤了胳膊，机场地面服务人员立刻引导张先生到机场医疗急救站止血和包扎伤口。随后，张先生来到机场出租车停靠点，乘坐出租车前往预订的酒店。回程时，张先生想乘坐机场大巴前往机场，不知机场是否提供相应的交通服务。

知识讲解

一、机场交通服务与管理

大兴国际机场的
现代化交通服务

　　机场交通服务主要可以分成往来机场的交通服务、航站楼之间往来的交通服务及航站楼内部的交通服务 3 个部分。机场配有多样的交通服务设施，并提供交通指引和信息咨询服务。往来机场的交通服务主要包含出租车服务、汽车租赁服务、停

车场/楼服务及公共交通服务（含城际大巴、市区大巴、电车、公交车、城铁、地铁等）。为了方便旅客穿梭于机场不同的航站楼之间，机场一般免费提供航站楼之间往来的交通服务，如免费摆渡车服务。有的航站楼内还会提供电瓶车服务，如首都国际机场 3 号航站楼候机区向旅客提供免费的电瓶车服务，供老、弱、病、残、孕旅客及距起飞时间不足 25 min 的急客优先使用。在远机位登机或下机时，机场也会提供免费摆渡车将旅客送到到达大厅。

（一）出租车

机场一般在每个航站楼均设有出租车停靠点，并进行统一调度管理，出发大厅和到达大厅都有清晰的标识指示，方便旅客乘坐出租车前往或从机场离开，其计价方式与城区出租车一致，均打表按里程计费。一些机场还会提供从机场到市区主要目的地的大约费用额度参考信息。

新闻台

到浦东机场打车"心里有数"：大屏幕显示到上海多地参考车费

在浦东机场 T1、T2 航站楼国际国内旅客到达行李提取转盘处，34 块出租车"乘车提示屏"（T1 航站楼 14 块，T2 航站楼 20 块）投入使用，在全国机场尚属首创。

据悉，这批"乘车提示屏"由市交通执法总队联合上海国际机场股份有限公司航站区管理部设立，目的是让旅客在浦东机场打车时，对行驶里程和车费"心里有数"。"乘车提示屏"明确标注了浦东机场区域出租车候车地点，上海市区出租车计费标准，以及浦东机场乘坐出租车至虹桥机场等 4 大交通枢纽、徐家汇等 9 大商圈、波特曼大酒店等 23 家宾馆、酒店的里程和参考车费。

旅客只要拿出手机，扫一扫"乘车提示屏"下方的二维码，就能获取涵盖浦东机场区域轨道交通、机场巴士、航站楼摆渡车、长途汽车、磁悬浮列车等多种出行方式的"交通指南"。通过"交通指南"微信公众号的"长途汽车"栏目，旅客还可以查看从浦东机场至江苏南通、张家港、无锡、苏州、昆山，以及浙江温州、嘉兴、杭州、义乌、湖州等城市的相关信息。

上海国际机场股份有限公司航站区管理部总经理表示，在旅客到达行李提取转盘区域摆放标识提示牌，可在提升旅客服务体验的同时，进一步起到规范管理航站楼内租车柜台的经营活动、打击黄牛拉客现象的作用。

为了打击出租车"坐地起价"，市交通执法总队已在上海部分酒店发放"乘车提示卡"，并在陆家嘴区域、虹桥枢纽区域安装出租车"乘车提示屏"，从源头上提醒广大旅客，特别是让首次来沪的外国或外地旅客能够对大致车资一目了然，让不法"黑车"司机和一些不良出租车驾驶员没有"宰客"之机。

市交通执法总队队长表示，交通执法部门一直将机场地区作为重点监管区域，此次与机场航站区合作，在浦东机场行李转盘处安放"乘车提示屏"，就是疏堵结合的有力举措。

资料来源：澎湃新闻，https://www.thepaper.cn/newsDetail_forward_1409035

（二）停车场/楼

机场会根据自身规模设置停车场或停车楼，设有小车位、中巴车位、大车位和无障碍车位，主要停放社会临时车辆及过夜车辆。有些机场提供可预约免费配套服务项目，如雨天为未携带雨具的旅客提供撑伞服务，为提出需求的旅客提供过夜车罩车衣服务，为老、弱、病、残、孕等有特殊需求的旅客提供轮椅、免费行李搬运和无障碍停车位等。随着电动汽车的广泛使用，有些机场还在停车场设有汽车充电装置供旅客使用。

全美首家　圣地亚哥机场引入 Chauntry 泊车系统

美国圣地亚哥国际机场引进了 Chauntry 泊车预订系统，以改善机场的停车状况。Chauntry 泊车系统使得旅客在到达机场前，即可预订停车位并完成支付，从而避免因一些不确定因素而在航站楼附近找不到停车位的情况发生。旅客使用该系统提前预订停车位后，会自动生成一串条形码。旅客既可以选择将其打印出来，也可将其发送到自己的智能终端设备，以便在进出车库时使用。常旅客可以通过这项技术创建自己的用户账号——其中包含个人信息和支付信息，用来为以后的出行提供快捷、方便的预订体验。同时，其用户界面为旅客提供无缝接入 Chauntry 平台，旅客可以在任何移动智能设备上使用该系统。

资料来源：民航资源网，http://news.carnoc.com/list/455/455171.html

（三）机场巴士

机场巴士一般有市内机场巴士及城际机场巴士。以北京首都国际机场为例，市区旅客可方便乘坐市内机场巴士往返首都机场与方庄、北京南站、北京站、公主坟、中关村、上地、奥运村、北京西站、回龙观、通州、四惠、王府井、金宝街、望京、石景山、燕郊、昌平、南苑机场等地，如图 6-6 所示，周边城市旅客可乘坐省际机场巴士往返机场与天津、秦皇岛、塘沽、廊坊、保定、唐山、沧州、赤峰等地。上海虹桥机场的旅客还可在"飞常准 App"上直接预定虹桥机场定制巴士服务。

（四）地铁

地铁准时、便捷的特点使其成了旅客往来机场的重要交通工具。一般来说，机场都与

地铁有较好的连接。以广州白云国际机场为例，广州地铁三号线北延至新机场站，乘坐该线路地铁既可直达广州市的中心城区天河区，也可以通过换乘到达广州火车南站，并搭乘武广高铁及广珠城际铁路，或通过换乘其他地铁线路前往广州市的其他区域，十分便捷。北京首都国际机场、上海虹桥国际机场、上海浦东国际机场等也都设有地铁站。

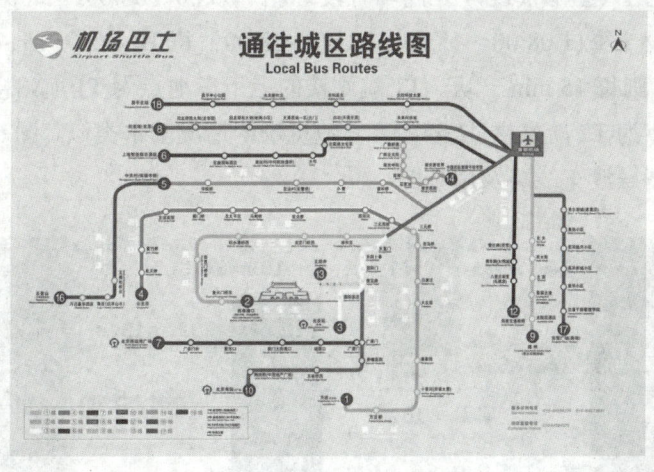

图 6-6　北京首都国际机场市内巴士线路图

（五）租车

随着居民消费能力的提升及汽车消费理念的升级，居民已养成使用的汽车习惯。在"共享经济"的推动下，租车也成为受旅客喜爱的出行方式，尤其是对于到达目的地后需要用车的商务旅客及自驾游旅客。因此，机场针对旅客这一消费趋势设置了租车柜台，可提供商务长期租车、商务短期用车、旅游用车、庆典及大型活动用车及个人租车服务。

英国盖特威克机场推出共享电动汽车服务

伦敦盖特威克机场推出了一项新的全电动汽车共享服务，让旅客和员工可以采用对环境友好的方式往返机场。

盖特威克机场是与 Bluecity 公司合作推出这项服务的，Bluecity 公司运营着泛伦敦地区的电动汽车共享服务，可提供上百辆电动汽车和 300 多个提车与停放点。

这种电动汽车共享服务的运营方式类似于伦敦现有的自行车租赁项目，客户可以通过 Bluecity 公司的 App 预订汽车，并从安装在盖特威克机场南航站楼前场的 10 个充电点那里提车。

资料来源：民航资源网，http://news.carnoc.com/list/455/455571.html

（六）免费摆渡车

大型枢纽机场的航站楼通常不止一个，为便于旅客在航站楼之间的往来，机场一般设有免费摆渡车。摆渡车有固定的班次和乘车地点，如广州白云国际机场 1 号航站楼与 2 号航站楼场内的穿梭巴士（空港快线），在高峰时段（每日 06:00～08:00、15:00～18:00）每 5 min 一班；非高峰时段（每日 08:00～15:00、18:00～23:00）每 10 min 一班；而常规时段（每日 23:00～06:00）则每 15 min 一班。T1 航站楼的上下车地点为 T1 航站楼 10 号门，T2 航站楼的上下车地点为 T2 航站楼 42 号门。其他机场的情况基本类似。图 6-7 所示为日本成田国际机场的免费摆渡车线路及用时图。

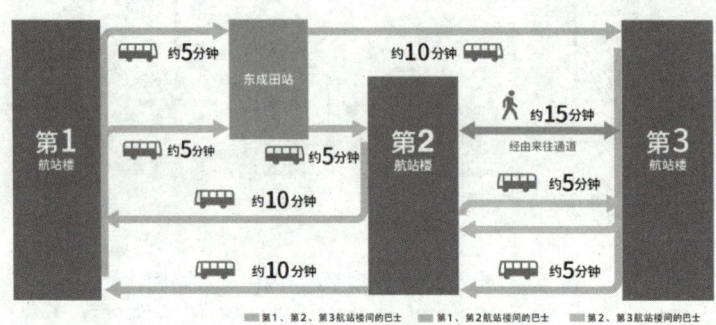

图 6-7　日本成田国际机场免费摆渡车线路图

课堂互动

与同学们讨论交流自己了解的机场特色交通服务。

二、机场医疗服务与管理

机场作为重要的交通枢纽，其旅客流动量大，且工作人员密集，因此，突发性疾病（如心肌梗死、脑梗死等）或人员意外受伤（如摔倒、划伤等）的发生概率较大。为了使患者或伤员能够得到及时、妥善的救治，机场需要具备一定的医疗服务能力，并能够及时地做出专业的医疗处理。另外，当航班上突发紧急事件时，机场医疗服务部门也需要提供伤情鉴别和急救护理等服务。

机场医疗服务主要是为旅客和民航工作人员提供急诊急救、医疗保健、卫生防疫、疾病控制、乘机医学建议、救护转送等服务，备有各种常用的急救药品，急诊一般提供 24 h 服务，设有机场医疗急救热线，并与更大规模的医疗部门保持联系。机场医疗服务有两种形式，一是按照机场应急救护保障的等级和需要，在航站楼设立应急救护中心、急救站和急救室等；二是在机场配备医疗救护车。

常州机场快速救治患病旅客

某日下午3点左右，常州机场医疗急救中心接到控制中心通知，在候机隔离区内，有一名旅客突发疾病，表情痛苦、瘫倒在地，需紧急救治。医护人员立即带着急救箱赶到指定地点，同时通知市区120前来协助。

据了解，该男子是中转旅客，在隔离区内等待期间，由于腰椎间盘剧烈疼痛导致其突然倒地。医护人员紧急通知安全检查部增派人员，5名安检人员火速到达，将男子抬上担架，紧急送往急救中心救治。10 min后，120救护车赶到，发病男子被送往医院接受治疗。由于救援及时，该旅客并无大碍。事后，该旅客及家属对常州机场的工作人员表示了诚挚的感谢。

资料来源：中国民用航空局，
http://www.caac.gov.cn/ZTZL/RDZT/2018CYZT/MHZQFW/201803/t20180306_55561.html

（一）机场应急救护保障等级

机场应急救护是指应急救护机构和应急救护人员在机场及其邻近区域，对下列情况采取的应急医疗救护措施，包括航空器突发事件、非航空器突发事件导致的人员伤亡；突发公共（卫生）事件导致的人员伤亡；航空旅客和民航工作人员发生的紧急医疗事件等。

机场应急救护保障等级可划分为1～10级，如表6-2所示。

表6-2　机场应急救护保障等级

机场应急救护保障等级	最大机型飞机机身长度/m	最大机型飞机机身宽度/m	飞行区等级指标
1	<9	2	1C 1B 1A
2	9～12（不含）	2	2C 2B 2A
3	12～18（不含）	3	3A 3B
4	18～24（不含）	4	3C
5	24～28（不含）	4	3C 3D
6	28～40（不含）	5	3D 4C 4D
7	40～49（不含）	5	4C 4D 4E
8	49～61（不含）	7	4D 4E
9	61～76（不含）	7	4E 4F
10	≥76	8	4F

注：1. 机场运行的最大机型飞机机身宽度大于表中所列机身宽度的50%时，则机场应急救护保障等级应当提高一级。

2. 机场运行的最大等级机型飞机全年运行架数少于 3 000 架次（一次起飞或一次着陆构成运行一架次）的，则该机场应急救护保障等级可以降低一级。

3. 在机场设计、建设、初步审定阶段，采用飞行区等级指标结合机场拟运行的最大机型，确定机场应急救护保障等级。飞行区等级指标仅用于在机场设计、建设、初始审定阶段确定机场应急救护保障等级。

4. 机场应急救护保障等级不得低于 1 级。

民用机场飞行区等级划分标准

飞行区等级采用飞行区指标Ⅰ（数字代号）和飞行区指标Ⅱ（字母代号）相结合的方式表示。飞行区指标Ⅰ根据使用该飞行区的最大飞机的基准飞行场地长度确定，共划分为 1，2，3，4 四个等级。飞行区等级指标Ⅱ根据使用该飞行区的最大飞机翼展和主起落架外轮外侧边间距确定，分为 A，B，C，D，E，F 六个等级，如表6-3所示。例如，4D 级机场是指在标准条件下，可用跑道长度≥1 800 m，可用最大飞机的翼展为36～52 m，以及主起落架外轮外侧边间距为9～14 m 的机场。民航运输机场的等级一般都在 4D 以上。

表 6-3　民用机场飞行区等级划分标准

飞行区指标Ⅰ	飞机基准飞行场地长度（m）	飞行区指标Ⅱ	翼展（m）	主起落架外轮外侧边间距（m）
1	<800	A	<15	<4.5
2	800～1 200	B	15～24	4.5～6
3	1 200～1 800	C	24～36	6～9
4	≥1 800	D	36～52	9～14
		E	52～65	9～14
		F	65～80	14～16

（二）机场应急救护机构与人员

1. 机场应急救护机构

机场应急救护组织机构包括应急救护中心、急救站和急救室等。其中，应急救护中心的主要功能是为机场及其邻近区域的应急救援提供医疗救护管理和服务。急救站的主要功能是为机场及其邻近区域发生人员伤亡、突发公共卫生事件等提供应急医疗救护服务。急救室的主要功能是应急救护，以及为航空旅客和民用航空工作人员提供医疗救治服务。

机场应急救护机构的规模应当满足机场应急救护的需要，其设置标准如表6-4所示。

表 6-4　机场应急救护机构设置标准

数量 应急救护保障等级 类　别	1～4 级	5～6 级	7～8 级	9～10 级
应急救护中心	0～1	0～1	0～1	1
急救站	0～1	0～1	1	≥1
急救室 （设置在航站楼内）	0～1	1		航站楼面积超过 15 万平方米的，每增加 15 万平方米应增设 1 个；并且旅客集中区域急救室最大间隔距离不超过 1 000 m

应急救护医疗设备一般包括医疗急救仪器、器械（材）、药品、急救箱等，其种类和数量应当满足机场应急救护的要求，并保持完整、可用的状态。

2. 机场应急救护人员

机场应急救护人员包括应急救护指挥（管理）人员、医疗专业人员、救护车司机等。

应急救护指挥（管理）人员应当熟悉机场应急救援（救护）法规、规章和标准，熟悉本机场应急救援（救护）预案，掌握本机场应急救护工作规范和工作程序，具备现场指挥和应对能力。应急救护保障等级 8 级以上机场所配备的应急救护指挥（管理）人员中，具有医学专业资质的人员不得少于 50%。

医疗专业人员应当具备医学相关专业执业资格和民用机场应急救护专业培训经历，具备应急救护知识和技能，了解机场应急救援（救护）法规、规章和标准，熟悉机场应急救护预案，掌握本机场应急救护的工作规范和工作程序。

救护车司机应当具备救护车辆驾驶资格和培训经历，熟悉本机场应急救护预案和本机场交通规则，掌握本岗位工作职责和工作程序。救护车司机的配备人数为每辆救护车不少于 1 人。

新闻台

让爱流动：春运期间美兰机场推出"流动医疗站"服务

春运返乡高峰期，为缓解旅客焦急候机导致的身体不适等突发状况，海口美兰国际机场（以下简称"美兰机场"）在航站楼内推出了"流动医疗站"服务。据悉，该医疗服务除了为旅客提供特调冬日暖身养生茶以外，还不定期地为旅客提供免费量血压和健康咨询等服务，用高品质的服务给旅客们送去春运归途上的冬日温暖。

美兰机场急救中心作为机场重要的对外服务窗口，主要提供 24 h 急诊、全科门诊医疗、机场应急救护保障、卫生宣教、健康咨询及指导、健康管理等服务，致力于为旅客提供高品质的医疗服务。美兰机场共设有4个医疗点，分别位于机场功能区、国内航站楼到达厅1号门、隔离区内16号登机门正对面及国际航站楼隔离区外。

此外，美兰机场在航站楼内共配备了7台公共急救设备——自动体外除颤仪（AED），其中，国内航站楼设有4台，分别位于4号登机门、13号登机门、B区服务总台旁和B区安检台旁；国际航站楼设有3台，分别位于出发厅入口处、候机厅母婴休息室门口和到达厅边检执勤附近。

资料来源：中国新闻网，http://www.hi.chinanews.com/hnnew/2018-02-15/456067.html

机场交通（或医疗）服务与管理现状调查

实施步骤：

（1）教师组织学生分成若干组，每组4~5名学生。

（2）学生以组为单位，通过资料收集、实地考察等方式，了解当地（或距离最近）机场的交通服务与管理（或医疗服务与管理）的现状，撰写调查报告。

（3）学生以组为单位，以PPT的形式汇报调查结果，并提出相应的优化建议。

根据表6-5对上述任务实施的结果进行评价。

表 6-5　任务实施检测表

考核内容	分值	自评分	小组评分	教师评分	实得分
调查设计合理，真实了解机场的交通或医疗服务与管理现状	20				
任务资料收集丰富，调查报告完整、规范	30				
PPT制作美观，汇报逻辑清晰，观点表达明确	30				
小组协作良好，组员参与度高	20				
总分	100				

自我检测

1. 机场交通服务与管理有哪些内容？
2. 机场医疗服务与管理有哪些内容？

任务三　熟悉机场其他商业性服务与管理

★ 熟悉机场保险、金融、邮政、通信、旅游服务与管理的内容
★ 了解机场的休闲服务与管理

★ 能够在实际工作中，根据旅客需求，提供相应的保险、金融、邮政、通信、旅游、休闲等服务

小赵和小谢相约从北京乘飞机去日本旅游。起飞前，他们在北京首都国际机场购买了航空意外险，利用机场自动货币兑换机兑换了一些日元，并租借了可在日本使用的无线上网卡。到达日本成田国际机场后，他们来到位于1号航站楼的游客服务中心，想定制一份旅游计划。机场的游客服务中心是否能满足他们的需求？机场还能提供哪些其他类型的商业服务？

一、机场保险服务与管理

机场航站楼内设有航空意外保险销售柜台。提供意外保险的保险公司不同，保费和保额也有所不同，旅客可自主选择是否购买航空意外保险、购买哪一家保险公司提供的保险产品及哪一类型的保险产品。有些机场航站楼内还设有保险售卖机，旅客可通过手机扫描二维码，或直接使用保险售卖机购买保险，包括以航空意外伤害为主要保障的航次险、短期交通意外伤害险、旅客托运行李保险、航班延误保险、航班取消保险、特价客票取消补偿保险等航空旅客相关保险产品。

众安保险将保险卖到登机口 延误后 2 小时内都能购买

微信、众安保险、航联和飞常准四方合作，发布了首个可以在机场随到随买的延误险"摇一摇延误险"。在北京、上海、广州、深圳四地机场的登机口等区域，旅客只需打开手机蓝牙功能，使用微信"摇一摇"，即可现场购买延误险，如图 6-8 所示。

图 6-8 保险广告

机场作为一个集交通、商业、休闲于一体的综合体，它的商业场景拥有巨大的拓展空间。而保险是金融行业里最容易场景化的。因此，在微信"智慧机场"解决方案中，保险成了最早嵌入的金融机构。

众安保险产品经理介绍，在打造微信"摇一摇"产品之前，众安保险已在"飞常准 App"上推出"飞常保障"航延险，对航班预测有优势，恰逢微信的"智慧机场"也势在必行，四方各有所长，一拍即合。这个产品仅用了 2 个月时间就完成了开发和上线。

从保险角度看，这款产品使得航空延误险门槛再度降低。在产品形态上，相较于传统航延险，该产品最大的亮点为界面上显示的"预测起飞时间"，这一时间将随航班、机场、气候等维度的不同而变化。一旦实际起飞时间延迟于这一"预测起飞时间"，用户就能获得赔付。正是因为有这一实时更新的"预测起飞时间"，旅客无须提前激活延误险，在延误后 2 h 内都能购买，解决了航延险至少需要提前一天购买的问题。

业内人士表示，这是互联网保险首次进军物联网结合移动社交的场景，未来若更多地加以实践，将有利于扩展互联网保险跨界创新的局面。

资料来源：和讯保险，http://insurance.hexun.com/2015-09-24/179438488.html

二、机场金融服务与管理

机场旅客"旅途中"的特征决定了其必然产生一定的银行业务需求，特别是随着国际交流的进一步扩大，外币兑换需求增长迅猛。多数机场的航站楼都配备有银行服务，国内机场的服务机构多为中国银行、中国工商银行、中国农业银行、中国建设银行、招商银行、民生银行、交通银行、光大银行和中信银行等，主要提供人民币和主要外币币种的存款、信用卡服务，并可办理国内汇票、支票、汇兑及国际汇兑、外币兑换、代售代兑旅行支票等业务。相应地，航站楼内设有 ATM 自动提款机和自动货币兑换机。有的国际机场还会配有专门的换汇服务窗口，如图 6-9 所示。

图 6-9　首都国际机场的货币兑换窗口

三、机场邮政服务与管理

机场一般会设有邮局或邮政代办点，为旅客提供特快专递、邮政汇款、各类包裹或信函邮寄，出售邮票、信封等。例如，石家庄正定国际机场针对旅客登机前的违禁物处理，特别设立机场邮政速递代办点，若旅客被查出违禁品不能带上飞机，或旅客着急登机而未能办理行李托运时，就可以通过寄送服务避免损失。在安检处，旅客即可将速递的地址、电话等信息写下来，与自己不能带上飞机的物品一起留给揽件员进行邮递。

有些机场的邮局还会提供纪念邮戳服务，例如，西安咸阳国际机场邮局提供多个印有当地风景的邮戳，一些旅客会特意前往盖戳留念。图 6-10 所示为日本东京成田国际机场的邮局。

图 6-10 日本东京成田国际机场的邮局

青岛机场为旅客提供暂存物品代发快递服务

随着青岛机场客流量的不断增加，暂存物品也越来越多，很多出行旅客的最终目的地并不是青岛，存在此的物品也不方便领取。青岛机场安检对此展开研讨，本着真情服务的宗旨，最终决定为旅客提供代发快递的服务。经过前期调研，青岛机场安检决定与管理完善、操作正规的顺丰快递公司开展业务联系，遇到旅客限带却不想暂存的物品如充电宝等，旅客可填写快递单据进行邮寄，安检员将会帮旅客将快递转交给快递公司，为旅客的出行提供了大大的方便。

为了进一步提升服务质量，青岛机场安检还将继续扩大业务范围——为旅客的暂存物品进行快递代发。旅客只需将暂存单据的照片连同收件地址、收件人和联系电话发送至青岛机场安检邮箱，安检员便可为旅客进行快递代发，让旅客足不出户就能收到自己的暂存物品。

资料来源：搜狐网，http://m.sohu.com/a/126441145_114800/?pvid=000115_3w_a

四、机场通信服务与管理

在通信服务与管理方面，机场一般提供有公用电话、Wi-Fi 租赁等。例如，首都国际机场航站楼部分入口处，以及候机厅内的每一个登机口附近都设有多媒体电话，每部电话设有一个专门的面板，供旅客收发电子邮件和查询各类信息，此外，还设有部分 IC 卡电话，附近配备有 IC 卡售卖柜台或自动售卡机；2 号航站楼和 3 号航站楼都设有 Wi-Fi 租赁柜台，提供日、韩、欧、美等 100 多个国家的无线上网卡租赁服务。有些机场航站楼内还设有通信公司营业点，为旅客提供通信业务办理和咨询等服务。图 6-11 所示为泰国曼谷国际机场的公用电话亭。

图 6-11　泰国曼谷国际机场的公用电话亭

 新闻台

合肥新桥国际机场提供境外 Wi-Fi 租赁服务

合肥新桥国际机场航站楼内推出了境外 Wi-Fi 设备租赁和境外电话卡产品服务项目，旅客出境不用再担心手机流量不够用，以及打电话有可能产生高额话费的情况发生。

柜台服务人员介绍，境外 Wi-Fi 可提供赴东南亚及欧美国家的服务，租赁业务随着合肥机场国际航班的不断增加而增加。

境外 Wi-Fi 的租赁方式很简单，旅客可以通过网上预订，也可以到机场现场办理。设备租赁的价格根据目的地的不同会有所差异。例如，在东南亚国家和地区使用，每天的租金在 18～30 元；在美国使用，每天的租金在 20～30 元。

柜台除了提供 Wi-Fi 设备租赁服务外，还可提供境外电话卡服务，如 8 天可通话 90 min 的电话卡，流量不限量使用，价格为 60 元。旅客可根据自己的境外游天数，购买合适的境外卡产品。

资料来源：安徽新闻，http://ah.anhuinews.com/system/2018/07/24/007922957.shtml

五、机场旅游服务与管理

为了给旅客提供便利的旅游和咨询服务，机场设有旅游咨询中心或游客服务中心，提供机场设施指引和航情答询服务，并为旅客提供旅游咨询、酒店预订、旅游线路预订、旅客用车等服务，免除了旅客"初来乍到"的不安。随着旅游散客化时代的到来，机场作为一个城市的形象窗口，做好旅游相关服务将极大地便利旅客出行，成为一项吸引旅客前来的重要因素。机场的旅游咨询中心或游客服务中心除了有人工服务外，还提供纸质的旅游宣传

俄罗斯针对中国游客
推出特色服务

资料和电子触屏设施，旅客可以自助查询吃、住、行、游、购、娱等全方位的旅游信息，量身定做旅游线路。

日本成田国际机场游客服务中心开张　一站式旅行服务方便外国游客

为了给日益增加的访日游客提供旅游便利，成田国际机场在第 1 航站楼的一层新设一站式的游客服务中心（Visitor Service Center），将过去分散在机场各个角落的旅游信息服务统一到一个窗口，这种一站式服务大大方便了外国游客。

游客服务中心的中央柜台（见图 6-12）可提供日本国内旅行的相关信息（观光指南）、回答游客有关交通出行等的各种咨询、出售面向外国游客的旅游商品、帮助预订日本全国旅馆和酒店、预订主题公园等各种门票、销售各种车票和机票，还能根据游客的各种需求制作旅行方案。

图 6-12　日本成田国际机场游客服务中心的中央柜台

中央柜台设有 Transit & Stay Program 受理台，以在成田机场转乘国际航班的外国旅客、下榻机场周边酒店的外国旅客为对象，推出由能说英语的志愿者导游随同，体验日本的大自然和文化等的免费旅游项目，同时也为旅客介绍成田国际机场周边的收费观光巴士游。

游客服务中心的观光资讯提供区设有新一代双向型数字告示系统，利用该告示系统，旅客能获得航班信息和交通信息等。该系统还具有用高精度地图进行楼内指南的功能，以及通过扫描登机牌给予旅客至登机口的路径指南的功能。该告示系统还致力于提高机场所有旅客的体验感受，其屏幕上的按钮配置让乘坐轮椅的旅客也能方便地使用，为其提供的指南路径均为使用电梯及高低差较少的路径等。

在观光资讯提供区的平板电脑区（见图 6-13），旅客可使用成田机场提供的旅日外国游客接待 App "TABIMORI-Travel Amulet-" 搜索所需的观光、交通等信息，还能获得外汇兑换、换车指南、日本的生活和文化等相关信息。

图 6-13　观光资讯提供区的平板电脑区

此外，观光资讯提供区还设置了促销空间，地方公共团体和企业等能在该区域内利用促销摊位或小册子等开展宣传和促销活动，旅客也能直接获得各种信息。

资料来源：成田国际机场官方网站，

https://www.narita-airport.jp/ch1/whats_new/vsc_open_201710

六、机场休闲服务与管理

随着旅客需求的不断提高，机场的候机条件不断改善，其休闲设施也日益丰富，甚至成了机场的一大特色。机场已不仅仅是旅客匆匆而过的候机、乘机暂留地，其本身也越来越突显娱乐休闲的功能。

例如，台湾桃园机场设有健身房和瑜伽室，整个装修中大面积使用了绿色，给人一种在公园中运动的感觉，里面的多种运动器械都是可以免费使用的，如图 6-14 所示。韩国仁川国际机场有两座电影院、一座探索博物馆、7 座花园、一座 18 洞的高尔夫球场和一座溜冰场，不定时的韩国民族文化表演也是仁川国际机场的一大特色。德国慕尼黑机场拥有全世界最大的室内人造冲浪场，让旅客在候机的时候也能进行水上活动。

图 6-14　台湾桃园国际机场的运动公园

又如，芬兰赫尔辛基万塔机场捕捉到了睡眠不好的旅客的痛点，在登机口附近设有"睡蛋"（见图6-15）。睡蛋有像蛋壳一样的外形，里面有一张长1.8 m、宽1 m的符合人体工程学的座椅，躺在里面能够很好地隔绝外面的噪声，并且可以随意调节座椅角度，躺下后还可以拉上黑色遮帘遮挡光线，并且座椅旁还配有插座。为了旅客随身行李的安全，座椅底下设有专门放置行李的区域。

图6-15　芬兰赫尔辛基万塔机场的"睡蛋"

机场商业服务与管理特色调查

实施步骤：

（1）教师组织学生分成若干组，每组4～5名学生。

（2）学生以组为单位，通过资料收集和实地考察，了解某机场的商业服务与管理状况，撰写调查报告。

（3）学生以组为单位，以PPT的形式汇报调查结果。

根据表6-6对上述任务实施的结果进行评价。

表6-6　任务实施检测表

考核内容	分值	自评分	小组评分	教师评分	实得分
任务资料收集丰富，调查报告完整、规范	40				
PPT制作美观，汇报逻辑清晰，观点表达明确	40				
小组协作良好，组员参与度高	20				
总分	100				

自我检测

1. 机场的保险、金融、邮政、通信、旅游和休闲服务与管理通常包含哪些内容？
2. 请列举你所知道的比较有特色的机场服务内容。

众志成城，共克时艰——记与时间赛跑的"红色娘子军"

　　春节本是一个合家团圆、辞旧迎新的喜庆节日，然而2020年的春节却因为一场突如其来的新冠疫情失去了节日的色彩。无论是在机场、火车站，还是各大高速路口，人们都是全副武装，将自己包裹得严严实实的。

　　为了有效应对疫情，榆林机场公司召开防控新冠疫情会议，对各部门进行全面工作部署。运行航站楼联合党支部的医务室，作为整个疫情防控的先锋队，率先吹响了疫情防控阻击战的号角。

　　"我们医护人员一定要坚决扛起肩上的使命，冲在第一线，必须坚守岗位、把好关，不遗漏任何一个感染和疑似感染旅客，发现病例后要立即按流程进行处置和上报。"运行航站楼联合党支部的刘涛作为此次医疗防控组的组长，在医务人员出勤之前会对所有人进行反复叮嘱。刘涛是一名老党员，自疫情暴发以来，每次榆林机场有进港航班到达，他总会提前组织医务人员穿好防护隔离服，迅速到达指定登机口，用红外线测温仪仔细地为每名旅客测量体温。发现体温异常的旅客，会继续用水银体温计进行复测。测温结束后，还要继续协助公安和安检人员为旅客进行个人信息登记，有时遇到年龄稍大的旅客要耐心地向其讲解如何扫描微信二维码，按步骤填写个人信息。全天航班结束后，医务人员还要整理当日收集的旅客信息，复印每名进港旅客的健康信息登记卡，等所有工作完成之后往往已是凌晨1点左右……

　　"疫情持续这段时间，榆林机场的医务人员确实比较辛苦。由于下午的气温较高，再加上防护隔离服密不透风，医务人员在每次出任务之前其实就早已是汗流浃背。在航班密集的情况下，她们需要提前上厕所，因为穿着防护隔离服上厕所实在太不方便了。据我了解，有的医务人员为了避免上厕所影响工作，一天都很少喝水，或者干脆就不喝水了。"刘涛在提到医务室的姑娘们时，眼圈都有些微微发红。"她们是这个时代真正的红色娘子军，除了完成日常的疫情防控任务外，她们还在积极地配合航站楼管理部对新冠病毒病理知识进行宣传教育。"截至目前，榆林机场累计共向旅客和职工发放新冠病毒预防手册千余册，目的就是为了加深广大旅客和机场职工对新冠病毒的了解，增强所有人员的个人防范意识。

　　在这场没有硝烟的疫情防控战场上，正是这些甘于奉献的医务人员在为我们负重前行。在最忙碌的时候，在最疲惫的瞬间，"红色娘子军"们继续攥紧了拳头，在抗击疫情中勇于担当，主动作为，时刻朝着疫情防控前线发起最有力的冲锋。

　　资料来源：中国民用航空网，http://www.ccaonline.cn/hqtx/571390.html

项目学习效果综合测试

一、选择题

1. 离境退税政策适用对象是在中国境内连续居住不超过（　　）天并乘飞机离境的外国人和港澳台同胞。

　　A．181　　　　　　　　　　　　B．182
　　C．183　　　　　　　　　　　　D．184

2. 荷兰史基浦机场打造了全球首家永久性机场图书馆，旅客只要持有（　　）就可以进入。

　　A．有效证件　　　　　　　　　　B．机票
　　C．阅览卡　　　　　　　　　　　D．航班延误证明

3. 作为旅客往来机场的重要交通工具，下列（　　）不是地铁的特点。

　　A．准时　　　　　　　　　　　　B．运量大
　　C．便捷　　　　　　　　　　　　D．有效躲避自然灾害

4．机场运行的最大机型飞机机身宽度大于规定机身宽度的（　　）时，则机场应急救护保障等级应当提高一级。

A．50% 　　　　　　　　　　B．30%

C．60% 　　　　　　　　　　D．80%

5．为机场及其邻近区域发生人员伤亡、突发公共卫生事件等提供应急医疗救护服务的是（　　）。

A．应急救护中心 　　　　　　B．急救室

C．急救站 　　　　　　　　　D．指挥中心

二、填空题

1．机场免税店一般设在＿＿＿＿＿、＿＿＿＿＿。

2．机场交通服务主要可以分成＿＿＿＿＿、＿＿＿＿＿、＿＿＿＿＿三个部分。

3．机场应急救护人员包括＿＿＿＿＿＿＿、＿＿＿＿＿、＿＿＿＿＿等。

三、简答题

1．为什么大型枢纽机场会成为"购物胜地"？

2．为了方便旅客在不同的航站楼之间穿梭，机场提供了哪些交通服务？

3．为什么说机场需要具备一定的医疗服务能力，并能够及时地做出专业的医疗处理？